Marc Fahrig

KENNST DU DICH?

Mit Selbstbewusstsein in ein erfülltes und glückliches Leben

Verlag und Druck: tredition GmbH,
Halenreie 40-44, 22359 Hamburg

ISBN Taschenbuch: 978-3-7482-3726-6
ISBN Hardcover: 978-3-7482-3727-3
ISBN e-Book: 978-3-7482-3728-0

Bibliografische Information der Deutschen Nationalbibliothek: Die Deutsche Nationalbibliothek verzeichnet diese Publikation in der Deutschen Nationalbibliografie; detaillierte bibliografische Daten sind im Internet über http://dnb.d-nb.de abrufbar.

INHALTSVERZEICHNIS

PROLOG

Ein Zitat von der Managementberater-Legende Peter F. Drucker lautet „Erkenne Dich selbst".

Kennst Du Dich? Ich behaupte, dass dies die wenigsten Menschen wirklich tun. Um sich selbst richtig kennenzulernen, sich seiner selbst wirklich bewusst zu sein, habe ich dieses Buch geschrieben: was Ihnen den Weg dazu aufzeigen wird und Ihnen die Anleitung gibt, die wirklichen Träume, Wünsche und Ziele für sich herauszufinden sowie den Weg zur Verwirklichung zu gehen.

Ich habe immer gedacht, die Antwort auf diese Frage längst zu kennen, und dann kam ich in meinem Leben doch an einen Punkt, an dem ich mir eingestehen musste, dass dies nicht der Fall war.

Es war der Punkt, an dem ich eine bewusste Zwischenbilanz über mein Leben gezogen hatte und mich gefragt habe, ob ich mit meinem Leben zufrieden bin, es genauso weitergehen soll oder ob ich etwas ändern muss.

Es war kein bestimmter Zeitpunkt, es war einfach mitten im Leben, nach langen Jahren im Job inklusive eines stetigen Aufstiegs auf der Karriereleiter, mitten in einer funktionierenden Beziehung und ohne wirkliche Probleme.

Ich würde mich als klassisch erfolgreich bezeichnen, aber ich spürte in mir immer mehr Fremdsteuerung und die Frage nach der Bedeutung meiner Tätigkeit für mich selbst wurde stärker.

Daher erschienen mir die Fragen nach dem „Was will ich und warum? Was habe ich erreicht? Lebe ich das Leben, was ich wirklich möchte?" angebracht und so habe ich begonnen, mich mit diesem Thema zu beschäftigen.

Ich habe einige verheißungsvolle Bücher daheim aus dem Bücherregal genommen und mich wieder eingelesen, habe im Internet nach neuen Quellen zu dem Thema gesucht und am Ende doch festgestellt, dass ich im Laufe der letzten Jahre bereits entsprechende Werke zu Erfüllung im Leben, Erfolg, Reichtum sowie Glück etc. gekauft hatte.

Das Verrückte war allerdings, dass ich einige Bücher wirklich nur angelesen oder gar nicht gelesen hatte.

Aber ich dachte bis zu diesem Zeitpunkt, ich wüsste über mich, meine Träume, Wünsche und Ziele bestens Bescheid!

Der innere Drang, mich einer selbstkritischen Prüfung zu unterziehen und Antworten auf die Fragen „Was habe ich erreicht? Lebe ich das Leben, das ich wirklich möchte? Wer bin ich eigentlich und was will ich?" zu finden, haben mich aber dazu gebracht, dass ich mir fest vornahm, mich, unter anderem, mit den Büchern aus meinem Bücherregal zu beschäftigen und mir Klarheit zu verschaffen.

Ich nahm verschiedene Anläufe, unterbrach wieder, weil ich mich vom Alltag und meiner fälschlichen Überzeugung, den Durchblick zu haben, ablenken ließ, aber ich fand auch wieder zu der Arbeit mit den Büchern zurück, da mich die selbstgestellten Fragen nicht losließen und ich mir immer unklarer wurde, ob ich mich wirklich kannte oder ob ich nur einem Weg folgte, weil dieser Weg eigentlich doch ein allgemein erstrebenswerter, halt der ganz normale Weg ist.

Aus jungen Jahren kann ich mich noch an Träume und Wünsche wie den Beruf des Fußballprofis oder des Meeresbiologen erinnern, ich wollte in Kalifornien leben und einen Hubschrauber haben. Als Jugendlicher und als junger Erwachsener war mir klar, ich will hoch hinaus, einen guten Job bekommen und Karriere machen, viel Geld verdienen, ein tolles Haus, irgendwann eine tolle Beziehung mit einer tollen Frau haben, zum gegebenen Zeitpunkt eine Familie gründen, ein glückliches und erfülltes Leben führen.

Das sind doch eigentlich für einen Menschen erstrebenswerte Ziele, oder?

Allerdings erschien es mir nun mit jedem Tag, den ich mich mit mir selbst und meinen Büchern beschäftigte, die allesamt auf die Themen Erfolg, Glück, Wohlstand und Reichtum ausgerichtet waren, dass meine Lebensziele doch eher oberflächlich und verallgemeinert waren und zudem im Detail völlig undefiniert sowie unausgegoren. Mir fehlte zudem die klare Bekenntnis und Bestätigung in mir selbst dazu und es beschlich mich das Gefühl, dass ich eigentlich keine wirkliche Ahnung hatte, was ich denn wirklich genau will, wie viel davon und ob das überhaupt alles war. Mir war auch das Warum nicht klar. Erschreckend empfand ich, dass es dann nur eine logische Folge ist, dass mir auch die konkrete Vorgehensweise hinsichtlich des Wie fehlen muss, da ich offensichtlich nicht genau über mich und meine Ziele Bescheid wusste. Wie sollte es mir dann möglich sein, diese zu erreichen, wenn ich noch nicht einmal das Warum kannte?

Dieser Moment war der Startschuss zu meiner bewussten Entscheidung, sich mit mir selbst intensiv auseinanderzusetzen und mich selbst richtig kennenzulernen, damit ich meine wahren Träume, Wünsche und Ziele erkennen, definieren und damit beginnen konnte, sie zielgerichtet zu verfolgen.

Leider (heute sage ich Gott sei Dank) musste ich sehr schnell zwei Dinge feststellen. Zum einen wollte ich natürlich mal eine Standortbestimmung machen, die Aufnahme des Ist-Zustandes „Was habe ich erreicht, wo stehe ich heute?", um überhaupt einen Überblick zu bekommen, wo ich gegenüber meinen oberflächlich definierten Zielen stand. Ich bemerkte dabei recht zügig, dass es Inhalte gab, von denen ich mich weit entfernt fühlte (es waren natürlich auch fantastische Feststellungen dabei und damit meine ich insbesondere, dass ich meine Frau kennengelernt habe und mein Sohn geboren wurde). Zum Zweiten, dass ich in der Tat wohl über etliche Jahre einer Art vorkonfektionierten Richtung gefolgt bin und mich an einer Prägung orientiert habe, die ich sehr stark an meinen Eltern und meinem direkten Umfeld festmachen konnte. An dieser Stelle möchte ich allerdings klarstellen, dass es kein Vorwurf ist, denn ich liebe meine Eltern sehr!

Ich bemerkte, dass meine oberflächlichen, unklar definierten Ziele eher einer Art klassischem oder konservativem Standard entsprachen, die vielleicht bei den meisten Menschen auf einem Wunschzettel landen würden, wenn man einen solchen für das Leben schreiben dürfte.

Mir war klar, dass ich weiter zurück in meine Vergangenheit musste, um herauszufinden, warum ich so bin, wie ich bin, was hat mich geprägt, beeinflusst und geformt.

Ich fand diese Punkte und es eröffneten sich aus dem Kennenlernen der Person klare Bilder, was ich hinsichtlich meines Denkens und meiner Einstellung behalten oder auch nicht behalten wollte. Ich erlangte Klarheit über meine wirklichen Träume, Wünsche und Ziele. Die oberflächliche undefinierte Strukturlosigkeit konnte ich gegen eine klare Liste austauschen, die mir genaue Inhalte aufzeigt und mir ein zielgerichtetes Handeln ermöglicht.

Dieses Buch habe ich geschrieben, um meine Erfahrung aus dem Prozess, mich selbst wirklich richtig kennenzulernen, mit Ihnen zu teilen. Ich möchte auch die Erkenntnisse, diverse Übungsinhalte und das Wissen, welches ich von meinem Coach Bodo Schäfer vermittelt bekommen habe, und eigene Erkenntnisse aus meinem Leben, der eigenen Horizont- und Wissenserweiterung aus verschiedenster Literatur mit Ihnen teilen und zudem meine persönlichen Empfindungen sowie Einschätzungen.

Einige Inhalte dieses Buches beruhen nicht auf meiner Entdeckung, sondern sind zu weiten Teilen bereits seit etlichen Jahren und auch Jahrzehnten existent. Ich schildere Ihnen lediglich aus meiner Sicht: einer Person, die sich mit den Inhalten aus wissender Literatur und mithilfe eines professionellen Coachingprogramms selbst bewusst geworden ist, was zu tun ist, um die wichtigste Grundlage dafür schaffen zu können und den Weg zu den eigenen Träumen, Wünschen sowie Zielen finden zu können. Diese Grundlage ist: sich selbst wirklich zu kennen.

Es gibt sehr viele Bücher, die den Fokus auf die Beschreibung von Handlungen, Maßnahmen und Verhaltensweisen gemäß dem Motto „Wie werde ich schnellstmöglich reich?" legen. Die Bücher möchte ich nicht bewerten. Ich bin aber der Meinung, dass die entscheidende Grundlage von jedem Menschen für ihn und von ihm selbst vorher klar herauszuarbeiten und zu beantworten ist.

Deshalb möchte ich Ihnen mit diesem Buch aufzeigen, dass es vor allen anderen Dingen das Wichtigste ist, dass Sie sich selbst wirklich kennen und wie Sie dies für sich herausarbeiten können. Sie werden verstehen, dass Ihr Leben ansonsten in mehr oder weniger Teilbereichen in eine Richtung laufen kann, die nicht Ihren wahren Vorstellungen entspricht. Es läuft unter Umständen in eine Ihnen eingeprägte, vorgedachte oder vorgelebte Richtung und ehe Sie sich versehen, sind viele Jahre Ihres Lebens ins Land gezogen. Dann stellen Sie sich eines Tages die Frage, ob das tatsächlich das Leben ist, das Sie wollen, wenn Sie es sich zum Beispiel aussuchen könnten oder Sie einen Wunschzettel schreiben dürften.

Dieses Buch soll Sie dazu inspirieren, dass Sie es sich selbst schuldig sind, das in Ihrem Leben zu tun, was Sie erfüllt und Ihnen Spaß macht, denn bis dato wissen wir mit Gewissheit nur von einem Leben, das uns zur Verfügung steht. Es soll Ihnen aber auch erprobte und bewährte Techniken sowie Methoden aufzeigen, die ich nicht erfunden, aber selbst angewendet habe und die mich dazu befähigt haben, meinen Weg zu meinen Träumen, Wünschen und Zielen einschlagen zu können.

Es wäre doch schade und traurig, wenn man zum Ende seines Lebens auf viele Dinge zurückschauen müsste, die man nicht gemacht hat, weil man sich ihrer zu spät bewusst wurde oder sich nicht konsequent um ihre Realisierung bemüht hat.

Ich habe aus Gesprächen und meinem Coaching gelernt, dass es immer möglich ist, egal in welchem Alter, die Richtung zu wechseln. Ich habe an mir selbst aber auch gespürt, dass es sehr wertvoll ist, sich so früh wie möglich selbst zu kennen und sich selbst bewusst zu sein. Denn man tut sich nicht nur umso leichter mit dem Weg zur Realisierung seiner Träume, Wünsche und Ziele, man kann sie auch früher erreichen und somit länger genießen!

Ich möchte Sie mitnehmen auf eine Reise durch Ihre Vergangenheit, Entscheidungen für die Zukunft, das Entdecken von Hilfsmitteln und Möglichkeiten bis hin zur Anwendung des Wissens für Ihre Zukunft.

Ich freue mich, dass Sie die Reise mitgehen wollen, wünsche Ihnen viel Spaß und dass Sie sich wirklich kennenlernen.

Herzlichst
Ihr
Marc Fahrig

01. Kapitel
SELBSTBEWUSSTSEIN

Sich seiner selbst bewusst zu sein ist das wichtigste Element, um die Antwort auf die Frage „Kennst Du Dich?" mit einem klaren Ja beantworten zu können. In diesem Kapitel wird die Bedeutung des Selbstbewusstseins im Fokus stehen.

Im Allgemeinen wird Selbstbewusstsein oft als eine Art Wertgefühl einer Person aufgefasst und wird somit eher synonym für den Begriff Selbstwert verwendet. Dabei fallen uns selbst oft direkt die entsprechenden Menschen ein: die mit der Art und Weise ihrer Erscheinung, der Überzeugung von ihren Fähigkeiten und ihrer Selbstdarstellung einen hohen Selbstwert und folglich ein hohes Selbstbewusstsein ausdrücken. Dabei ist allerdings zu beachten, dass Selbstbewusstsein nicht gleichbedeutend mit Selbstvertrauen gesetzt werden kann.

Zur Begriffsdefinition stelle ich Ihnen an dieser Stelle ein passendes Zitat aus der Expertensicht vor.

„Selbstbewusstsein
Das Selbstbewusstsein ist das Bewusstsein, das man von sich selbst hat.
Das Selbstbewusstsein entsteht auf der Grundlage der persönlichen Eigenheiten und auf der Grundlage der Erfahrung.
Man kann auch sagen, das Selbstbewusstsein entsteht auf der Grundlage des eigenen Wesens und auf der Grundlage der Erfahrung.
Oder man kann auch sagen:
Das Selbstbewusstsein entsteht auf der Grundlage der Erfahrung und aus dem Selbst.

Demgemäß entwickelt sich das Selbstbewusstsein infolge der Individualität.

Durch das Selbstbewusstsein entsteht das Bewusstsein des Ichs.

Erkenntnistheoretisch bzw. philosophisch betrachtet wird das Selbstbewusstsein auf der Grundlage einer Idee erkannt, die in der Form des Begriffs dieser Idee im Bewusstsein der erkennenden Person als systematische Einheit erscheint (vgl. mit Kant Zitat 7).

Psychologisch betrachtet entsteht der Begriff des Selbstbewusstseins auf der Ebene der Vorstellungen. Und es wird das Selbstbewusstsein von einer Person in der Selbstreflexion erkannt und damit erlebt. Es handelt sich dabei also um ein psychisches Phänomen.

[...]" [1]

Warum ist Selbstbewusstsein so wichtig? Sich selbst-bewusst zu sein bedeutet, sich selbst zu kennen und somit jederzeit die Möglichkeit zu haben, sich in Einstellungen, Eigenschaften, Denkweisen, Verhaltensweisen etc. bewusst für ein Beibehalten oder eine Veränderung zu entscheiden.

Sie haben es in der Definition gelesen, dass uns durch das Selbstbewusstsein Zuversicht und Vertrauen zuteilwerden. Jeder weiß zudem aus seinem eigenen Leben, dass oft zu den „scheinbar" selbstbewussten Menschen hinaufgeschaut wird, weil diese Menschen genau diese Attribute zuzüglich Stärke, Erfolg, Überzeugung etc. ausstrahlen.

Ich habe bewusst das Wort scheinbar verwendet, denn nicht jeder, dem wir diese Attribute geben, ist sich aus meiner Sicht wirklich über sich selbst-bewusst, viele spielen auch nur eine Rolle oder folgen sich selbst auferlegten Vorgaben, obwohl sie eigentlich andere Ziele und Wünsche haben.

Die Menschen, die sich selbst-bewusst sind, verdienen sehr große Anerkennung, denn alleine dass Sie es sind, qualifiziert Sie aus meiner Sicht dazu, Ihnen genau diese oben genannten Attribute zuzusprechen.

---

[1] http://www.psychiater-psychotherapie.com/?p=30395&lang=de
19.11.2013 S. 1

Sie können voller Vertrauen und Zuversicht in die Zukunft blicken, weil Sie sich kennen und wissen, dass Sie jeden Tag auf Ihre eigene Persönlichkeit, Ihre Einstellung, Ihr Denken und Handeln Einfluss nehmen können. Sie sind stark, denn Sie wissen über sich selbst genau Bescheid, sowohl im Hinblick auf Ihre Stärken als auch Ihre Schwächen, Sie sind für ihr Leben und die Zukunft vorbereitet. Sie sind erfolgreich, denn Sie tun das, was Ihnen Spaß und Erfüllung bietet, oder Sie sind zumindest auf dem Weg dorthin, da Sie sich Ihrer Ziele und Wünsche bewusst sind. Sie sind in jedem Fall überzeugend, denn Sie leben mit der Konsequenz, die Ihre Entscheidungen fordern und die Sie vor dem Hintergrund treffen, dass Sie wissen, was Ihnen guttut und Sie erfüllt.

Der selbst-bewusste Mensch ist sich über seine Stärken, Schwächen, Fertigkeiten und Fähigkeiten im Klaren, er weiß in der Regel aber auch um seine Ziele sowie Wünsche.

Das Selbstbewusstsein bietet ihm somit eine ideale Ausgangslage, sich auf seine Ziele und Wünsche auszurichten, alles Nötige dafür zielgerichtet einleiten zu können, um dann wieder in die Reflexion zu gehen, sich zu fragen, ob er mit dem erreichten Stand zufrieden ist oder ob er sich neue Ziele setzt.

Das Selbstbewusstsein stattet ihn mit einer positiven Grundhaltung aus, denn er kennt sein Innerstes und deshalb geht er auch mit der oben genannten Zuversicht und einem großen Vertrauen in eine optimistische Zukunft.

Ich möchte Ihnen versichern, sich selbst-bewusst zu sein ist wirklich ein wahrer Schatz und ich behaupte, dass dies nicht viele Menschen von sich sagen können.

Allerdings möchte ich an dieser Stelle auch mahnend erwähnen, dass zum Selbstbewusstsein unbedingt auch die Disziplin als weitere Zutat ergänzt werden muss. Ansonsten wird es dem durchaus selbstbewussten Menschen passieren können, dass er sich zwar selbst kennt, aber ihm mangels Disziplin wirklich etwas zu tun, das Erreichen der selbsternannten Ziele sowie Wünsche, verwehrt bleibt.

Sie werden in den folgenden Übungen in Ihre Vergangenheit blicken, Ihre Stärken, Schwächen, Erfolge, Begabungen und Fähigkeiten erarbeiten und sich bewusst fragen, was Ihnen Spaß sowie Erfüllung bringt und ob Ihre persönlichen Träume, Ziele und Wünsche Ihnen wirklich so viel bedeuten, dass Sie sie unbedingt erreichen wollen?

Die Übungen werden Ihnen insbesondere den Weg zur Antwort auf den Titel des Buches aufzeigen. Die Antwort tatsächlich zu erarbeiten und auszusprechen liegt bei Ihnen und Ihrer Disziplin. Sie selbst entscheiden über die Bereitschaft, Ihr Leben aktiv in die gewünschten Bahnen zu lenken.

Sie selbst bestimmen, ob Ihnen Ihre Ziele und Wünsche, sei es immaterieller oder materieller Art, so viel bedeuten, dass es Sie quasi verletzen würde, wenn Sie sie nicht erreichen.

Erst dann haben die Ziele und Wünsche genügend Gewicht, um Ihnen den Antrieb und somit die Disziplin vorzugeben, dass Sie wirklich Maßnahmen ergreifen, die auf die Erreichung Ihrer Ziele und Wünsche hinarbeiten.

Ich möchte Ihnen hier ein passendes Zitat vorstellen:

„Wir glauben, dass es wichtiger ist, zu fragen, wer wir sein wollen, als zu fragen, was wir tun sollen. Und wir glauben, dass wir dann, wenn wir diese Frage ernsthaft beantworten, die Macht haben, die beste Version unserer selbst zu werden. Und dabei etwas zu schaffen, das größer ist als wir selbst und nicht nur für uns, sondern auch für andere Menschen bedeutsam ist." [2]

Ich möchte Ihnen an dieser Stelle unbedingt raten, dass Sie sich ausreichend viel Zeit für die anstehenden Übungen und das Festlegen Ihrer Träume, Wünsche und Ziele nehmen, denn Sie müssen zu Ihnen selbst und Ihrer Persönlichkeit passen. Seien Sie in den Übungen ehrlich und offen zu sich, folgen Sie Ihrer innersten Überzeugung und keiner Vorgabe, keinem identifizierten Irrglauben oder einer konditionierungsbedingten Ansicht.

Dieses Buch soll zu Ihrem Werk werden, in dem Sie erarbeiten, dass Sie über sich genau Bescheid wissen und eben deshalb die nötigen Entscheidungen für Ihre Zukunft auf dem Weg in ein erfülltes Leben treffen können.

---

[2] Förster, Anja/Kreuz, Peter (März 2013): Hört auf zu arbeiten. Erste Auflage. Erscheinungsort: Pantheon Verlag, München, in der Verlagsgruppe Random House GmbH

Ich möchte Ihnen nicht vorenthalten, dass Sie sich auf Überraschungen gefasst machen müssen, wenn Sie die Übungen völlig offen und ehrlich gegenüber sich selbst machen werden: Aber Sie werden so viel über sich erfahren wie selten oder nie zuvor.

Es kann zum Beispiel passieren, dass es zwar schon immer Ihr Traum war, reich beziehungsweise vermögend zu sein, aber dass Sie nach all den folgenden Übungen in den Spiegel schauen und feststellen müssen, dass es Ihnen tatsächlich nicht um Reichtum, sondern zum Beispiel mehr um die Erfüllung sozialer Aspekte geht. Dass Sie eher Entwicklungshelfer statt selbstständiger Unternehmer werden möchten, weil Ihnen das die größte Befriedigung, den meisten Spaß bringt und Sie einfach glücklich macht. Wenn dieser Fall eintritt, dass Sie das Gegenteil von dem, was Sie bisher als erstrebenswertes Ziel für sich definiert haben, als neues Ziel aus Ihrem neuen Selbstbewusstsein heraus abgeleitet haben, dann ist das halt so! Es ist sogar fantastisch, da es aus Ihrer Selbsterkenntnis kommt und Ihrer eigenen tiefen Überzeugung entspricht! Akzeptieren Sie diese Erkenntnis und gehen Sie mit ihr in Ihre Zukunft.

Sie gehen dann einen konsequenten Weg auf Basis der neuen Erkenntnisse, die Sie über sich gewonnen haben. Sie beschreiten dann einen fantastischen Weg, nämlich einen Weg zu einem Ziel, das Sie selbst-bewusst gewählt haben, weil es für Sie eine größtmögliche Bedeutung und Antrieb hat! Lassen Sie mich an dieser Stelle noch mal daran erinnern, wie viele Menschen heute Tag für Tag Dinge tun, die ihnen kein Spaß machen, und wie viele Menschen es gibt, die auf die Frage, ob ihr jetziger Job und ihr jetziges Leben ihren Wünschen entspricht, schlichtweg den Kopf schütteln würden!

Mit diesem Buch sind Sie definitiv auf dem richtigen Weg zur Möglichkeit der Selbsterkenntnis und einer selbstbestimmten Zukunft, da Sie sich im Detail mit sich selbst auseinandersetzen werden!

Lassen Sie uns nun gemeinsam zum nächsten Kapitel übergehen, in dem die erste sehr interessante und gleichzeitig außerordentlich wichtige schriftliche Übung auf Sie wartet.

02. Kapitel
KONDITIONIERUNG UND PRÄGUNG

Inwieweit bin ich ein Abbild meiner Vergangenheit und wo bin ich die Person, die ich aus bewusster, erarbeiteter sowie verarbeiteter Erkenntnis gewählt habe?

Warum sind wir so, wie wir sind? Warum empfinden wir oder reagieren wir auf bestimmte Sachverhalte und/oder Dinge nahezu immer gleich? Warum finden wir etwas gut oder schlecht? Wieso haben wir diese oder jene Einstellung und eigenen Überzeugungen sowie Meinungen? Wieso nehmen wir manche Situationen entspannt oder eher angespannt auf?

Fragen, mit denen ich an dieser Stelle den Start in das Buch und dieses Kapitel einleiten möchte, in dem ich Ihre Aufmerksamkeit in Richtung der übergeordneten Frage „Ja, warum ist das eigentlich so?" lenken möchte. Gibt es nachvollziehbare Gründe, die uns dazu bewegt haben?

Bei der Suche nach Antworten auf die oben genannten Fragen werden Sie sehr schnell an Erlebtes, Erlerntes und Vorgelebtes erinnert und genau darum geht es.

Ich möchte Sie in diesem ersten Kapitel und im Hinblick auf die erste schriftliche Aufgabe mitnehmen auf eine Reise in Ihre Vergangenheit.

Dieser Rückblick ist von entscheidender Bedeutung, um die Einflüsse zu erkennen, die Sie in unterschiedlichster Form geprägt und beeinflusst haben.

Von dieser Erkenntnis ausgehend werden Sie eigene Verhaltensweisen, Einstellungen, Denkweisen etc. nicht nur ihrem eventuellen Ursprung zuordnen können, sondern Sie werden auch um den großen Einfluss ihrer Konditionierungsrolle wissen und wie Sie unerwünschte

Inhalte aus Ihrem Kopf verbannen können, wenn Sie für sich bewusst entscheiden, dass Sie etwas verändern wollen.

Dies ist Inhalt und Ziel dieses Kapitels und nun freue ich mich darauf, Sie mit auf den Weg zur ersten Aufgabe mitzunehmen, die mir selbst vor einiger Zeit an vielen Stellen die Augen geöffnet und mir ein erheblich besseres Selbstverständnis gebracht hat, was ich selbstkritisch betrachtet vorher nur oberflächlich oder sogar falsch eingeschätzt hatte.

Meine Vorgehensweise würde ich als pragmatisch bezeichnen und ich versuche, mit einfachen Worten die Inhalte leicht verständlich zu vermitteln, dabei möchte ich Ihnen an manchen Stellen auch Beispiele vor Augen führen, um ein gleiches Verständnis für die Inhalte sicherzustellen und um Fehlinterpretationen zu vermeiden. Es ist mir sehr wichtig, dass Sie die Arbeit mit dem Buch genießen und dass Sie die Inhalte gut verstehen sowie nachvollziehen können.

Beginnen wir nun, gemeinsam zurück in Ihre Vergangenheit zu gehen.

Durch die Erziehung, das Heranwachsen bis hin zu Ihrem heutigen aktuellen Alter und persönlichen Status haben Sie extrem viel erlernt, beigebracht, vorgelebt, erlebt, mitgeteilt, antizipiert sowie angewiesen bekommen.

Ich bin fest überzeugt, und diese Meinung habe ich in verschiedener Fachliteratur zu diesem Thema bestätigt bekommen, dass vieles in unserer Grundhaltung, unseren Ansichten und in unserer Einstellung insbesondere in unseren frühen Lebensjahren entsteht und sich zu einem nicht unerheblichen Teil durch unser ganzes Leben zieht.

Die Erkenntnisse aus verschiedenster Fachliteratur bringen auch mich zu der Überzeugung, dass in diesen frühen Lebensjahren eine sehr starke Konditionierung unserer jeweiligen Persönlichkeit entstanden ist, der wir uns erst, aber auch nie gänzlich, im Laufe des Erwachsenwerdens/-seins und zum Teil gar nicht entzogen haben.

Viele Einflüsse haben über Jahre und Jahrzehnte auf Sie eingewirkt, tun dies eventuell sogar noch heute und das hat Spuren in Ihrer Persönlichkeit hinterlassen. Die Spuren, oder nennen wir es Auswirkungen, sind den Menschen nur oft gar nicht richtig bewusst, denn sie sind wie in einer Art schleichendem Prozess über etliche Jahre oder nach Schlüsselerlebnissen fest im Menschen verwurzelt.

Was versteht man eigentlich unter Konditionierung? Ich möchte Ihnen folgende Erläuterungen/Definitionen zur klassischen und operanten Konditionierung vorstellen:

„Konditionierung (klassische Konditionierung) gehört zu den Lerntheorien. Das zugrunde liegende Prinzip lautet: Wird ein Reiz, der für das Individuum zunächst keine Bedeutung hat und keine Reaktion auslöst (neutraler Reiz), wiederholt kurz vor und während der Darbietung eines Reizes, der aufgrund angeborener Reiz-Reaktions-Verknüpfung eine ‚unbedingte' Reaktion auslöst (unbedingter Reiz), dargeboten, so löst schließlich auch der ursprünglich neutrale Reiz diese Reaktion aus. Das Individuum hat dann gelernt, auf den ursprünglich neutralen Reiz zu reagieren, der Reiz wurde konditioniert. Grundlage dieses Lernprozesses ist die räumliche und zeitliche Nähe (Kontiguität) der beiden Reize. Bei Konditionierungen höherer Ordnung werden bereits konditionierte Reize als unbedingte Reize verwandt. Zur Veranschaulichung dient das klassische Experiment von Pavlow: Einem Hund wurde Futter, auf das als Reaktion Speichelfluss auftrat, gemeinsam mit dem neutralen Reiz eines Glockentones dargeboten. Nach mehreren Wiederholungen genügte schon die Glocke allein, um die Reaktion Speichelsekretion hervorzurufen. Die Technik der klassischen Konditionierung wird in der Werbung v. a. zur emotionalen Konditionierung von Werbeempfängern benutzt (emotionale Werbung). Die Empfänger von Werbebotschaften sollen dabei lernen, Markennamen mit bestimmten Emotionen zu verknüpfen. In einem inzwischen als klassisch zu bezeichnenden Experiment (HOBA-Experiment) gelang Kroeber-Riel der Wirkungsnachweis für das Prinzip der emotionalen Konditionierung im Bereich des Konsumverhaltens. Emotionale Konditionierung ist nach vorliegenden Erkenntnissen besonders erfolgreich, wenn die Produkte nicht erklärungsbedürftig sind oder wenn sachliche Informationen nicht interessieren, weil sie bei sämtlichen Marken als gleich vorausgesetzt bzw. gleich wahrgenommen werden. Von der klassischen Konditionierung ist die instrumentelle oder

operante Konditionierung zu unterscheiden, die auf dem Prinzip des Lernens nach dem Verstärkerprinzip aufbaut." [3]

„Die operante Konditionierung ist ein 1913 von Thorndike postuliertes Lernprinzip, welches das Lernen am Erfolg beschreibt. Diese Methode wurde von Burrhus Frederic Skinner perfektioniert und ist eine wichtige Säule im Konzept des Behaviorismus. Die Grundprinzipien der operanten Konditionierung sind Folgende:
- *Folgt auf ein bestimmtes Verhalten ein angenehmer Zustand (z. B. eine Belohnung), so wird dieses Verhalten in Zukunft häufiger gezeigt.*
- *Folgt auf ein bestimmtes Verhalten ein unangenehmer Zustand (z. B. Bestrafung), wird dieses Verhalten in der Zukunft seltener auftreten.*
Vor allem bei der Erziehung von Kindern wird dieses Prinzip oft genutzt, aber auch das Verhalten Erwachsener kann durch die operante Konditionierung noch beeinflusst werden." [4]

In meinem Buch möchte ich mich auf die klassische Konditionierung konzentrieren, wenngleich auch die Kraft und Auswirkungen der operanten Konditionierung während der folgenden Ausführungen in Ihren Gedanken nicht in Vergessenheit geraten dürfen.

Ich möchte an dieser Stelle direkt den Bogen zu der psychologischen Seite der Konditionierung spannen, die von besonderer Bedeutung für dieses Kapitel ist. Es soll Ihnen zeigen und vermitteln, dass ein zunächst „völlig" neutrales Individuum (zum Beispiel ein Säugling/Kleinkind) den

---

[3] Literatur: Angermeier, W. F.; Peters, M., Bedingte Reaktionen, Berlin u. a. 1973. Kroeber-Riel, W., Konsumentenverhalten, 5. Aufl., München 1992. http://www.wirtschaftslexikon24.com/e/konditionierung-klassische-konditionierung/konditionierung-klassische-konditionierung.htm 19.11.2013 S. 1

[4] http://flexikon.doccheck.com/de/Operante_Konditionierung 14.10.2013 S. 1

Einflüssen seines direkten Umfeldes ausgesetzt ist und in seiner Abhängigkeit die dort vermittelten Verhaltensweisen, Ereignisse und Erlebnisse als jeweils eindimensional richtig, falsch, unwahr oder wahr, angenehm oder unangenehm etc. erfasst. Dies verfestigt sich im Laufe der Jahre umso mehr, durch eine nahezu unendlich erscheinende Anzahl von Wiederholungen durch tägliches Erleben und Vermittlung im direkten Umfeld. Daher wird in diesem Beispiel das Kleinkind selbst beim Erleben von anderen Verhaltensweisen zunächst davon ausgehen, dass sein erlerntes Verhalten das „Richtige" ist und die andere Weise „falsch" beziehungsweise schlichtweg unbekannt oder fremd ist. Diese antrainierte Verhaltensweise, Einstellung oder Denken möchte ich als Konditionierung verstanden wissen, da es sich um eine antrainierte, erlernte, beeinflusste Form von Verhalten, Denkweise oder Einstellung handelt.

Diese Art von Beeinflussung ist natürlich besonders ausgeprägt bei dem von mir gewählten Beispiel des Säuglings beziehungsweise Kleinkinds, welches von Beginn seines Lebens eine sehr hohe Anzahl von Konditionierungsinhalten sowie -einheiten durch sein Elternhaus und das direkte Umfeld durchlebt. Ich möchte an dieser Stelle aus meiner Sicht anmerken, dass dieses Beispiel vollends realistisch betrachtet werden kann, denn der Einfluss und die Konditionierung jedes Menschen beginnen unmittelbar im Säuglings-/Kleinkindalter.

Welche Rolle haben Ihre Eltern eingenommen und welcher Einfluss ging von ihnen aus?

Blicken wir so weit es geht zurück und führen uns unsere Eltern vor das geistige Auge.

Mir geht es in diesem Kapitel nicht um eine Bewertung Ihrer Eltern, sodass Sie am Ende sagen könnten, dass Ihre Eltern gut oder schlecht, wissend oder unwissend, fürsorglich oder nachlässig waren. Mir geht es vielmehr um das Bewusstsein in Ihrem Kopf, dass alle Inhalte, die Sie verinnerlicht haben, maßgeblich von Ihren Eltern oder gegebenenfalls vom Elternersatz (diese Schicksalsschläge gibt es ja, wo zum Beispiel die Großeltern oder Ähnliches in diese Rolle schlüpfen mussten) und Ihrem direkten Umfeld geprägt und ausgelöst wurden. Denn mit diesem Bewusstsein wird Ihnen klar werden, dass diese übernommenen Denkweisen, Einstellungen, die Überzeugungen oder die angenommenen Meinungen einer Art von Konditionierung entsprechen, die über

Jahre Gelegenheit hatte, in Ihrem Kopf eine felsenähnliche Position einzunehmen. Diese Position ist in der Tat als felsenähnlich zu bezeichnen, denn dafür sind Sie über Jahre und unter Umständen Jahrzehnte jederzeit eingestanden, hätten/haben dafür diskutiert, ja, sogar gestritten. Natürlich gibt es insbesondere in den jungen Jahren noch einige weitere einflussnehmende Menschen und Institutionen im direkten Umfeld eines Menschen, allerdings möchte ich mich in diesem Kapitel zunächst mit dem aus meiner Sicht stärksten Einfluss beschäftigen und der ging von Ihren Eltern aus.

Zurückblickend sind die Eltern in unseren ganz jungen Jahren eine Art unantastbare Institution, der man nahezu sämtliche Attribute von Stärke bis hin zur absoluten Weisheit zuweist. Ich möchte fast sagen, dass die Eltern für die kleinen Kinder eine fast schon allmächtige Rolle einnehmen, die zwangsläufig nicht in Frage gestellt werden kann, da das sehr junge Alter keine entsprechende Erfahrung und Wissen dagegenhalten kann. Man folgt im gewissen Sinne dem Urvertrauen und beginnt, im Leben an der Seite der Eltern seine Erfahrungen zu machen und sein Wissen aufzubauen.

An dieser Stelle mache ich einen kleinen Umweg in die Heuristik, um Ihnen deren Bedeutung im Rahmen der Konditionierung zu verdeutlichen. Dazu werde ich auf die Bereiche Psychologie und Denkpsychologie eingehen und Ihnen eine kurze Zusammenfassung meiner Eindrücke geben.

In der Psychologie bedient man sich einfacher Regeln, die in bestimmten Situationen von Menschen zur Problemlösung oder Entscheidungsfindung herangezogen werden. Diese Regeln, oder auch Heuristiken genannt, resultieren aus erlernten Erkenntnissen oder sind auch Teil der evolutionären Entwicklung eines Menschen. Die Anwendung dieser Heuristiken, also dieser einfachen Regeln, führt häufig zu den erwarteten Ergebnissen, allerdings sind natürlich auch fehlerhafte Einschätzungen in der Umsetzung beziehungsweise Anwendung möglich.

In der Denkpsychologie bedient sich ein Mensch der Heuristiken, um verschiedene Möglichkeiten zur Handlung zur Verfügung zu erlangen beziehungsweise ableiten zu können, wenn neben fehlenden Informationen auch Zeit oder Motivation zur vollständigen Einschätzung der Situation fehlt.

Im Kontext mit der Konditionierung will ich damit darstellen, dass ein Mensch eine sozusagen automatische Anlage zur Bewältigung des komplexen Alltages in sich trägt, dass es aber im Grunde bedeutend ist, dass bereits beim Auftreten eines Problems die Hinterfragung sehr wichtig ist, um Fehleinschätzungen und daraus unter Umständen eine fehlerhafte Anwendung zu vermeiden. Dies ist im Säuglings- oder Kleinkindalter natürlich nicht möglich, denn eine ausgeprägte Konditionierung ist erst mit zunehmender Reife beziehungsweise Alter bewusster zu erfassen, zu analysieren und gegebenenfalls veränderbar.

Die Ausgangslage als Säugling oder Kleinkind ist somit in nahezu jeder Hinsicht von einer eigenen starken Abhängigkeit geprägt, der wir uns unterwerfen müssen, im besten Glauben, dass wir das nötige Wissen und Rüstzeug für unsere eigene Entwicklung, unser eigenes Leben vermittelt bekommen. Der Mensch wächst zunächst in seinem Umfeld unter dem großen Einfluss seiner Eltern sehr eingeschränkt auf und erhält nahezu ausschließlich über nur einen Kanal die Inhalte zu Wissen, Glauben, Einstellung, Verhaltensweisen, Meinung etc. Dieser Kanal sendet in den ersten Jahren in einer Art Dauerfrequenz oder, wenn Sie möchten, Dauerbeschallung die gleichen Inhalte zu den oben genannten Themen und führt dadurch eine starke Konditionierung in den Köpfen eines Menschen aus.

Der unglaublichen Macht der Wiederholung kommt dabei eine besondere Rolle zu. Es ist bekannt, dass uns die Häufigkeit der Wiederholung bei der Ausführung von Dingen oder auch bei der Anwendung von reinem Wissen die nötige Routine und Sicherheit gibt, dass wir uns in eben diesen Fällen sehr sicher bewegen können und keine Zweifel hinsichtlich des „Nicht-Könnens" oder des „Nicht-Wissens" haben. Die Macht der Wiederholung arbeitet aber auch in die weniger anzustrebende Form der Konditionierung, nämlich dass sich Dinge und Sachverhalte in unseren Köpfen manifestieren können. Dies kann uns vor einer Offenheit für neue Dinge, neue Sichtweisen oder auch Alternativbetrachtungen verschließen und uns zum Teil mit negativen Gedanken und Gefühlen erfüllen, welche dann häufig tatsächlich nur Negatives nach sich ziehen.

Die Wiederholungen der Inhalte, die wir zu verschiedenen Themen in unseren ersten Lebensjahren vermittelt bekommen, sind nahezu unzählbar und deshalb erhält die Konditionierung auch eine solche

Stärke, sodass sie zum Teil ein ganzes Leben lang unangetastet im jeweiligen Kopf des Menschen ihre Gültigkeit behält. Dass dies nicht unbedingt nur positive Ausprägungen im Verlauf des Lebens eines Menschen haben muss, wiederhole ich an dieser Stelle gerne erneut, um die besondere Bedeutung, sich dessen bewusst zu sein, herauszuheben. Denn mit diesem Bewusstsein wird Ihnen klar sein, dass zunächst erst mal alles neutral ist und die Dinge in Ihrem Leben nur durch Sie beziehungsweise Ihre Konditionierung die entsprechende Bedeutung bekommen.

An dieser Stelle möchte ich Ihnen einige Beispiele von Klassikern nennen, die wir in der Regel von klein auf tausendfach gehört haben. Dazu gehören „das tut man nicht", „verhalte dich bitte wie ich es dir sage und nicht anders", „das geht nicht", „riskiere nichts", „das kannst du nicht", „das schaffst du nicht", „das ist doch unrealistisch", „Geld macht nicht glücklich", „lerne etwas ganz Solides wie dein Vater, Onkel, Tante oder Ähnliches", „wir sind die kleinen Leute", „höre auf zu spinnen und komme auf den Boden der Tatsachen", hinzu kommen noch weitere Klassiker wie „was gehört sich und gehört sich nicht" bis hin zu „das war schon immer so, das ist einfach so".

In dem hervorragenden Buch „Denken Sie groß" von David J. Schwartz gibt es eine Passage, die die Gefahr insbesondere dieser Art von Konditionierung ausdrückt.

„Das Haupthindernis auf dem Weg zum Erfolg ist das Gefühl, dass großartige Leistungen unerreichbar sind. Zu dieser pessimistisch-fatalistischen Haltung bringen uns die vielen negativen Kräfte, die unser Denken auf ein mittelmäßiges Niveau drücken. Damit wir diese negativen Kräfte verstehen, müssen wir in unsere Kindheit zurückkehren. Als Kinder setzten wir uns hohe Ziele. Wir schmiedeten grandiose Pläne, wollten das Unbekannte erobern, große Persönlichkeiten sein, wichtige Ämter bekleiden, aufregende und interessante Dinge tun, geachtet und berühmt werden – kurz, der Erste, der Größte und der Beste sein. Und wir hatten den Weg zur Verwirklichung dieser Ziele klar und deutlich vor Augen. Doch was ist geschehen? Lange bevor wir das nötige Alter hatten, um auf die Verwirklichung unserer großen Ziele hinarbeiten zu können, sahen wir uns zahllosen

niederdrückenden Einflüssen ausgesetzt. Von allen Seiten hör-
ten wir, es sei dumm, ein Träumer zu sein, unsere Ideen seien
‚undurchführbar, töricht, naiv, albern‘ oder man brauche Geld
und müsse Glück oder einflussreiche Freunde haben, um es zu
etwas zu bringen. Schon als Kinder wurden wir mit Negativpro-
paganda bombardiert, die uns klarmachen sollte: ‚Du kannst
nicht vorwärtskommen, also versuche es erst gar nicht‘.“ [5]

Dass Dinge beziehungsweise Sachverhalte erst mal nicht grundsätzlich als neutral, sondern direkt mit einer Wertung oder Klassifizierung
versehen werden, ist sehr oft in der Tat bis auf die frühen Kindheits-
jahre und auf den Einfluss der Eltern zurückzuführen und nicht über-
wiegend basierend auf neuen eigenen Erfahrungen, die man richtig
fundiert erst in den Jahren des Erwachsenseins beginnt, zu machen.

Machen Sie sich an dieser Stelle bitte selbst bewusst, wie Sie auf gewisse Dinge reagieren, obwohl andere Menschen in Ihrem Umfeld vielleicht völlig anders darauf reagieren. Ist es bei Ihnen unter Umständen
auch so, dass eine Reaktion nach dem berühmten „Eine-Nacht-darü-
ber-schlafen“ ganz anders aussieht als die erste Reaktion ausgesehen
hat beziehungsweise aussehen würd?

Überlegen Sie, ob es nicht tatsächlich so ist, dass ein Sachverhalt
oder eine Situation zunächst wirklich als solche völlig neutral ist. Sie
passiert, wird ausgedrückt oder dargestellt und nun? Erst jeder Einzelne von uns gibt durch seine persönliche Einschätzung und Wertung
eine Reaktion darauf ab und dies ist doch meistens die sozusagen erlernte Reaktion, nicht wahr?

Gehen wir aber nun zurück zur Betrachtung unserer Entwicklung
vom Kleinkind über den jungen erwachsenen Menschen bis heute.

Ich möchte nun nicht alle Lebensjahre und Schritte vom Baby bis hin
zu einem Teenie beziehungsweise jungen Erwachsenen durchleuch-
ten, denn dazu ist dieses Buch nicht da und hat sicherlich auch nicht

---

[5] Schwartz, David J. (1959 by Prentice-Hall Inc.) Denken Sie groß. Erfolg
durch großzügiges Denken. 2. Auflage. Erscheinungsort der deutschsprachigen Ausgabe 1983, 2011 Ariston Verlag in der Verlagsgruppe Random
House GmbH

den fachlichen Anspruch, diese Entwicklungen hinsichtlich aller Einzelkomponenten aus erziehungswissenschaftlicher oder psychologischer Sicht zu erläutern. Daher möchte ich an dieser Stelle einen Sprung wagen, der uns an den Punkt bringt, an dem wir beginnen, das Gelernte, das „Antrainierte" oder „Eingetrichterte", sprich, unsere Konditionierung in den verschiedenen Lebensbereichen, zu hinterfragen. Dieser Zeitpunkt wird bei vielen von Ihnen sehr unterschiedlich sein, denn Sie haben nicht nur alle verschiedene Eltern, verschiedene Umfelder, verschiedene Ausbildungen, Freunde etc., sondern Sie sind vor allen Dingen selbst völlig unterschiedliche Individuen, die selbst ein ganz anderes Verständnis für sich entwickelt haben und auch die Notwendigkeit, sich selbst zu hinterfragen, sich selbst wirklich kennenzulernen, sehr unterschiedlich gewichten.

Fakt ist allerdings, dass Ihnen an dieser Stelle wahrscheinlich erste Dinge einfallen, wo Sie in Ihrer Vergangenheit mit Situationen, Sachverhalten konfrontiert waren, wo Sie eine andere Sichtweise als die, die Ihnen durch Ihre Erziehung Ihren häuslich geprägten Erfahrungen entsprachen, eingenommen haben. Im Zuge des Erwachsenwerdens verändert sich unser Umfeld in der Regel dramatisch, es wird größer, wir kommen durch verschiedene Aktivitäten wie den Sport, die Musik, die Freunde, Vereinszugehörigkeiten etc. zu neuen Umfeldern und Menschen, die uns beeinflussen, prägen etc. All dies sorgt dafür, dass wir beginnen, uns neu zu entdecken und neu definieren zu müssen.

Denn unsere Entwicklung und das zugehörige Umfeld beziehungsweise jede einzelne Komponente fordern ein Hinterfragen der Konditionierung, ob nun unbewusst oder bewusst.

Der neue Freundeskreis toleriert eventuell gewisse Einstellungen nicht, im Sportverein ist man nur unter gewissen Umständen integriert und akzeptiert, diese Beispiele begegnen uns im Laufe der Jahre immer wieder und es hört selbst im Erwachsenenalter nicht auf.

Aber es setzt einen sehr spannenden Prozess in Gang und der bedeutet, dass wir beginnen, uns eine eigene Meinung zu bilden, eigene Erfahrungen mit Gelerntem abzugleichen und neue Meinungen zu entwickeln. Es beginnt zugleich auch der Prozess, Meinungen anderer Menschen aufzunehmen, zu reflektieren, zu bewerten und Einfluss auf das eigene Meinungsbild zu geben.

Natürlich ist es je nach Altersstufe von unterschiedlicher Ausprägung, wie stark der Prozess im Fluss ist und welche Erkenntnisse daraus gewonnen wurden, aber dies ist für die Intention dieses Kapitels unwichtig.

Ich will zum Ausdruck bringen, dass Sie sich darüber im Klaren sein müssen, dass Sie definitiv und über etliche Jahre einer starken Konditionierung ausgesetzt waren. Diese individuelle Konditionierung Ihrer Person will und kann ich nicht bewerten, denn ich kenne die Inhalte nicht und ein Urteil steht mir nicht zu.

Ich weiß dennoch ganz bestimmt, dass sie vorhanden ist und dass sie sozusagen etwas Erlerntes und Antrainiertes ist.

Im Umkehrschluss bedeutet es aber auch, dass es nichts Unabänderliches ist und Sie jederzeit etwas anderes oder Neues erlernen und antrainieren können!

Sie können immer und überall entscheiden, ob Sie sich einer bewusst gemachten Konditionierung entledigen wollen oder ob Sie ihr folgen wollen. Dies ist ein entscheidender Punkt im Leben, denn man muss sich nicht einfach mit etwas abfinden, nur weil man es so gelernt bzw. beigebracht bekommen hat! Man muss auch nicht die Dinge so machen oder so hinnehmen, weil es schon immer so war!

Dies ist, erlauben Sie mir die klaren Worte, alles Blödsinn, denn Sie können und Sie alleine sollten der Gestalter Ihres Lebens sein.

Von Geburt an und für viele der ersten Lebensjahre sind wir diesen starken Konditionierungen durch unser jeweiliges Elternhaus und unser direktes Umfeld ausgesetzt, wie gesagt ohne Wertung meinerseits bzgl. der Inhalte. Dann beginnt irgendwann der Prozess, die eigenen Erfahrungen gegen dieses Erlernte, „Eingetrichterte" abzuwägen und sich auf den Pfad zu einem eigenen Bild zu machen.

Sie müssen sich nur bewusst machen, welchen Konditionierungen Sie in Ihren persönlichen Lebensbausteinen bezüglich Familie, Gesundheit, Beziehungen, Beruf, eigene Persönlichkeit, Geld, Zukunft anhängen und Sie müssen entscheiden, was Sie davon behalten oder ändern möchten, da es Ihren Zielen und Wünschen entspricht oder auch nicht entspricht.

Entscheidend für Sie ist einfach, zu verstehen, dass an dem Punkt, wenn man in der Lage ist, eigene Erfahrungen aus den verschiedenen Lebensbausteinen sowie seine Wünsche und Ziele seiner Konditionierung gegenüberstellen zu können, das sehr wichtige Gut Selbstbewusstsein (!) entsteht und – ganz wichtig – auch weiterentwickelt wird!

Ich möchte es noch mal ganz klar machen, denn es ist der Kernpunkt dieses Buches, es geht darum, sich selbst-bewusst zu werden, Selbstbewusstsein zu entwickeln. Verwechseln Sie deshalb an dieser Stelle nicht Selbstbewusstsein mit Selbstvertrauen, denn Selbstvertrauen folgt erst auf ein Selbstbewusstsein.

Viele von Ihnen werden sicherlich im Laufe der Jahre festgestellt haben, dass die Konditionierung durch die Eltern in verschiedenen Bereichen aus heutiger Sicht für unnötig, unwichtig, inakzeptabel oder manchmal sogar blödsinnig gehalten wird.

Dieses Buch wird Sie herausfordern, Sie anstrengen, um die Dinge auf den Punkt zu bringen, es wird viel aus Ihnen ziehen und wenn Sie es auf Papier bringen, dann wird es Ihnen wirklich eine große Hilfe sein, sofern Sie die Übungen gewissenhaft, konsequent und ehrlich durcharbeiten werden.

Die Quintessenz daraus birgt einen unschätzbaren Wert, denn wenn Sie sich darüber im Klaren sind, welche Inhalte aus der Konditionierung heraus Ihren heutigen Geist, Ihre Denkweise und Ihre Einstellung dominieren beziehungsweise beherrschen, dann können Sie gezielt daran arbeiten, diesen Glauben zu ändern und in eine Richtung zu lenken, in der Sie aus Ihrer neuen, sich selbst-bewussten Sicht hin wollen!

Ziel dieses Buches ist eben, dass Sie sich richtig kennenlernen und für sich selbst erfahren beziehungsweise erarbeiten, wer Sie wirklich sind, was und wer Sie sein sowie haben möchten.

Dabei ist es natürlich von elementarer Bedeutung, sich darüber bewusst zu werden, wer und was einen in ganz frühen Jahren konditioniert und maßgeblich beeinflusst hat. Mit diesem Wissen legen wir einen extrem wichtigen Startpunkt, denn es muss Ihnen zunächst klar sein, an welchen Werten Sie hängen, wie Ihr Glaube/Ihre Überzeugung und Einstellung zu den verschiedenen Lebensbausteinen Familie, Gesundheit, Beziehungen, Beruf, eigene Persönlichkeit, Geld, Zukunft ist.

Dies ist eine der ersten großen Herausforderungen im Buch, denen Sie sich stellen müssen, wenn Sie ein möglichst klares Bild von sich erfahren möchten. Ich habe es selbst getan und es war teilweise hart, sich gewisse Dinge vor Augen zu führen und eine möglichst objektive, ehrliche Einschätzung vorzunehmen, aber es hat sich gelohnt. Ich habe noch nie zuvor ein so klares Bild von mir gehabt und ich war danach in der Lage, meine Ziele und Wünsche so klar und detailliert aufzuschreiben, wie ich es in meinem ganzen Leben zuvor nicht war. Seitdem ist mir erst wirklich klar geworden und ich habe verstanden, wie ich ticke, was in mir ist und was ich möchte. Zudem habe ich mich dadurch selbst in die Lage versetzt, eigenverantwortlich sowie klar strukturiert an der Erreichung meiner Ziele zu arbeiten.

Es hat sich für mich gelohnt und ich bin mir absolut sicher, dass Sie mir dies im Anschluss an die Arbeit mit diesem Buch ebenfalls bestätigen werden.

Sie werden sich selbst nicht nur sehr gut kennenlernen, sondern daraus die nächsten Schritte in einem Leben nach Ihren Vorstellungen in die Wege leiten können, und was kann schöner sein, als ein Leben zu leben, das einem das gibt, was man wirklich möchte?

Ich habe viele Menschen in meinem Leben getroffen, kennengelernt und natürlich in meinem privaten sowie beruflichen Umfeld erlebt, bei denen ich bis ins Detail erkennen konnte, welcher Art von Konditionierung sie in ihrem Elternhaus, ihrem Freundeskreis und ihrem Job ausgesetzt waren beziehungsweise immer noch sind.

Ich bewerte diese Konditionierung, diesen Einfluss auf den jeweiligen Menschen nicht, aber ich möchte an dieser Stelle auf die riesige Macht hinweisen, die eine Konditionierung hat.

Man trifft den alten Schulkameraden, der immer noch glaubt, dass die berufliche Laufbahn, die ihm seine Eltern schon in der Grundschule als das für ihn einzig Wahre eingetrichtert haben, tatsächlich die alternativlos beste Entscheidung war, obwohl er bei Vier-Augen-Gesprächen immer von anderen Jobs begeistert war.

Freunde und Verwandte, die auf die Frage „Wie geht es dir?" mit dem Standard „Muss ja" antworten und ergänzen, „man muss ja auch mal zufrieden sein."

Ebenfalls ein Klassiker, wenn man mit den eigenen Freunden und Bekannten über Wünsche und Ziele spricht und dann der Einwand kommt, dass dies ja nur Spinnerei sei und diese Ziele/Wünsche nur etwas für die sogenannten „oberen 10.000" seien.

Ich erinnere mich an unzählige Diskussionen mit Kollegen, aber auch Freunden, Verwandten, in denen verschiedenste Themen rund um den Job, die Familie, gesellschaftliche Ereignisse besprochen wurden und die Menschen trotz etlicher Fakten an ihren Denkmustern/Denkweisen und ihrer Einstellung festgehalten haben. Sie waren zum Teil keineswegs offen für neue Sichtweisen oder Einstellungsänderungen. Der Gipfel als Erklärung war, dass dies halt schon immer so war oder dass man es halt so gelernt hat und deshalb glaubt, dass es auch seine Richtigkeit haben muss!

Der Bezug ist, wie bereits oben erwähnt, sehr häufig auf die frühen Lebensjahre möglich, aus denen die jeweilige Einstellung und Denkweise entstanden ist.

Denn gerade diese frühen Lebensjahre sind von Abhängigkeit gegenüber anderen Menschen gezeichnet, denen man keine beziehungsweise nur sehr, sehr wenig Erfahrung entgegensetzen kann.

Man orientiert sich an den Erwachsenen, man kopiert sie, man lernt von ihnen, man hört ihnen zu, man sieht in ihnen die geballte Lebenserfahrung und unendliches Wissen. Das Gefährliche dabei ist leider, dass auch die Ratschläge von Menschen erfolgen, die selbst gar keine genauen Erfahrungen mit den Inhalten zu bestimmten Themen gemacht haben, sondern ebenfalls nur eine erlernte Meinung weitergeben. So halten sich dann die sogenannten guten Ratschläge, von denen es zweifelsohne wirklich viele gute gibt, häufig über Jahrzehnte und Generationen hinweg, ohne dass die Menschen leibhaftig Erfahrungen mit dem jeweiligen Sachverhalt gemacht haben. Zwei klassische Themengebiete sind die Ratschläge und Diskussionen zum Umgang mit Geld oder zum Thema Selbstständigkeit. Haben Sie diese Erinnerungen auch vor Ihrem geistigen Auge?

Ich möchte Sie nun gleich ganz herzlich bitten, dass Sie in der folgenden ersten praktischen Übung in Ihre Vergangenheit und im Folgenden auf prägende Dinge, Ereignisse, Sachverhalte, Erfahrungen zurückblicken und sie aufschreiben, um eine Art Absprungplattform zur Identifikation Ihrer Konditionierungsinhalte zu bekommen.

Berücksichtigen Sie dabei die unterschiedlichsten Dinge und seien Sie selbstkritisch und ehrlich: Selbst wenn es Ihnen heute eventuell schwerfällt, sich einzugestehen, dass Sie bei kritischen Diskussionen vielleicht sehr ähnlich wie Ihre Mutter oder Ihr Vater reagieren?

Bevor Sie aber mit Ihren Notizen auf den nächsten Seiten beginnen, möchte ich Sie unterstützen und Ihnen mit ein paar Fragen den Einstieg in die erste Übung erleichtern, die wirklich herausfordernd ist!

Diese Aussagen und Fragen sollen Ihnen lediglich einen Impuls geben, wenn Sie auf Ihre Vergangenheit blicken und nach prägenden Menschen, Ereignissen, Erlebnissen etc. forschen, die in Ihnen eine Konditionierung herbeigeführt haben und in der Sie heute Ihre Charakterzüge, Einstellung, Denkweise wiedererkennen können.

Ich möchte noch mal darauf hinweisen, dass ich hier keinerlei Bezug auf Gutes oder Schlechtes nehme, das Wichtigste ist, dass Sie offen und ehrlich zu sich selbst sind, um sich wirklich richtig kennenzulernen!

Holen Sie sich die Inhalte vor Ihr geistiges Auge und lassen Sie die oben genannten Impulse auf sich wirken, um sich selbst zu fragen, was Sie geprägt und beeinflusst hat.

1) Haben Sie früher oft gesagt bekommen, dass Sie etwas doch sowieso nicht schaffen können, und sind deshalb heute oft verbissen im Job oder haben Versagensängste?

2) Haben Sie zu Hause Disharmonie erlebt und sind deshalb nahezu süchtig nach Harmonie oder sind Sie gar genauso auf Diskussionen gepolt, wie es früher Ihre Eltern waren?

3) Wurde Ihnen häufig gesagt, der Beste sein zu müssen?

4) Mussten Sie Dinge tun, die Sie eigentlich nicht wollten, eventuell sogar gehasst haben?

5) Haben Sie immer Liebe gespürt oder eher das Gefühl von Distanz, Ablehnung vermittelt bekommen?

6) Haben Sie immer gesagt bekommen, dass man zu den kleinen Leuten gehört und deshalb haben Sie vielleicht von tollen Dingen geträumt, aber nie den Mut gehabt Ihre Träume/Ziele mal wirklich anzugehen?

7) Ist Ihnen eingetrichtert worden, dass die gute Schulbildung, die Ausbildung oder das Studium und dann ein guter sicherer Job das Wichtigste ist, um ein gutes Leben führen zu können, aber eigentlich wollten Sie mal ganz verrückte Dinge tun, sind aber durch mangelnde Risikofreude bzw. durch das geprägte Sicherheitsdenken nie ins Risiko gegangen?

8) Welche Ansichten und Meinungen sind bei Ihnen zu gesellschaftlichen, beruflichen und auch privaten Themen fest manifestiert, werden von Ihnen auf jeden Fall vertreten und wie haben sich diese Ansichten und Meinungen bei Ihnen in dieser Form ausgebildet?

9) Worüber haben Sie sich als Kind gefreut?
10) Was hat Ihnen Angst bereitet?
11) Wer war früher immer für Sie da?
12) Wo sind Sie gerne gewesen?
13) Mit welchen Menschen waren Sie gerne zusammen?
14) Welche Sätze Ihrer Eltern klingen noch heute in Ihren Ohren?
15) Was war in jungen Jahren Ihre größte Niederlage?
16) Was war in jungen Jahren Ihr größter Erfolg?
17) Wofür wurden Sie früher bestraft?
18) Wofür wurden Sie gelobt?
19) Was hat Sie enttäuscht?
20) Welche Ereignisse sind in Ihnen noch klar vor Augen, als wäre es gestern gewesen?
21) Was haben Sie vermisst?
22) Was haben Sie im Überfluss gehabt?
23) Was hat Sie in der Vergangenheit wütend gemacht?
24) Welche Aktivitäten haben Sie gemocht oder geliebt?
25) Welche Aktivitäten haben Sie nicht gemocht oder gehasst?
26) Welche Menschen haben Sie geliebt (lieben Sie immer noch) und warum?
27) Was für Wünsche hatten Sie früher?
28) Welche Verbote wurden Ihnen in der Vergangenheit auferlegt?

Das sind die Fragen, die Ihnen als Anstoß für den Blick zurück dienen sollen, aber sie erheben nicht den Anspruch auf Vollständigkeit, um alle Ihre prägenden Erlebnisse, Ereignisse oder Sachverhalte aufzudecken, aus denen Sie rückblickend eine Konditionierung Ihres Verhaltens beziehungsweise Ihrer heutigen Persönlichkeit erkennen können. Halten Sie also inne und Ausschau nach Ihren persönlichen Eindrücken und Erkenntnissen!

Ich wünsche Ihnen nun viel Erfolg beim Rückblick in Ihre Vergangenheit! Nutzen Sie die folgenden Seiten zur Niederschrift Ihrer Erkenntnisse.

Konditionierung – Meine prägenden Einflüsse,
Erlebnisse und Ereignisse:

34

Haben Sie sich Zeit für Ihren Rückblick in Ihre Vergangenheit genommen, waren Sie offen und ehrlich zu sich selbst? Wenn ja, dann kann ich Sie nur beglückwünschen und Ihnen meine Anerkennung aussprechen!

Ich bin sicher, dass Ihnen der Blick in die Vergangenheit nicht leicht gefallen ist, aber genauso sicher bin ich mir, dass Ihnen vieles aufgefallen ist, was Sie heute an sich wiederentdecken konnten, und Sie die Wurzeln dafür in der Vergangenheit ausgemacht haben.

Wie ich bereits erwähnt habe, ist es zunächst unerheblich, ob die Inhalte als positiv oder negativ einzustufen sind und zudem ist dies subjektiv aus Betrachtersicht. Sie selbst müssen für sich entscheiden, welche der Inhalte Sie für veränderungsbedürftig halten, weil sie Ihnen vielleicht in Ihrem Leben schon immer im Weg standen oder von Ihren Liebsten bemängelt wurden etc.

Ich gebe Ihnen an dieser Stelle allerdings unbedingt mit auf den Weg, dass überhaupt gar nichts von Ihnen als unabänderlich akzeptiert werden muss, selbst wenn Sie dazu kommen, dass gewisse Inhalte bis in das Kleinkindalter zurückzuführen sind und Sie einer starken Konditionierung zum Beispiel durch Ihre Eltern unterlegen sind.

Sie alleine entscheiden, ob Sie sich dem Ergebnis einer Konditionierung unterwerfen und sie als gegeben hinnehmen oder ob Sie sich bewusst dagegen entscheiden und etwas in Ihrem Leben ändern wollen, weil Sie es für sich selbst so haben wollen.

Lassen Sie sich nicht erzählen, dass diese Dinge nicht veränderbar sind, denn ausschließlich Sie sind der Gestalter Ihres Lebens. Das ist natürlich leicht gesagt und manche von Ihnen werden jetzt sagen, „Der hat gut reden", aber es ist in der Tat so. Ich behaupte nicht, dass es leicht ist, erst mal in die Reflexion zu gehen, Dinge zu suchen und festzustellen, dass man in der Vergangenheit in verschiedenen Bereichen seiner Persönlichkeit konditioniert wurde, und danach bewusst zu entscheiden, welche Inhalte man eigentlich gar nicht mehr in seinem Leben haben möchte.

Aber es ist nun mal Fakt, dass Sie selbst im Nachgang zu dieser Feststellung und auch generell im Leben Entscheidungen in alle Richtungen treffen können, wenn Sie Ihnen in der entsprechenden Ausprägung wichtig genug sind. Dass Sie dabei die Konsequenzen tragen müssen, ob nun leichter oder schwerwiegender Natur, ist natürlich klar, aber Sie können die Entscheidungen selbst treffen!

Daher ist es am Ende dieses Kapitels wichtig, zu verinnerlichen, dass man mit dem Wissen um Charakterzüge, Einstellung und/oder Denkweise, die man auf den Einfluss verschiedener Personen, Institutionen aus der Vergangenheit zurückführt und auf die man nun Einfluss nehmen will, dass dies unmittelbar möglich ist! Ich empfehle Ihnen sogar. umgehend zu handeln, denn oft verfällt der Mensch in eine Lethargie und Akzeptanz eines Umstandes, wenn er sich wieder zu sehr in dessen Fänge begibt und in den alten Modus verfällt, der ja dann augenscheinlich doch nicht so schlecht war beziehungsweise mit dem man ja bis dato gelebt und überlebt hat.

Aber an dieser Stelle kann ich nur sagen ... Stopp!

Machen Sie diesen Fehler nicht, denn wenn Sie sich schon als Person mit sich selbst konstruktiv auseinandersetzen und Sie identifizieren diese Dinge an sich, die Sie gerne ändern würden, dann verpflichten Sie sich selbst gegenüber zur unmittelbaren Handlung. Sie werden erkennen, dass Sie auch mit kleinen Schritten merken, dass Sie Erfolge in dieser Maßnahme verbuchen können, und das wird Ihnen Selbstvertrauen für weitere Schritte geben, um Ihren neuen angestrebten Zielmodus zu erlangen.

Sie müssen sich selbst wichtig genug sein, Ihre gewünschten Ziele zu erreichen, Sie müssen es sich persönlich beim Blick in den Spiegel versprechen, dass Sie an den Dingen, die Sie als veränderungsbedürftig definiert haben, wirklich arbeiten wollen, weil Ihnen neue, andere Einstellungen, Denkweisen, Eigenschaften guttun und Sie diese in Ihrem Leben vorfinden möchten.

Sprechen Sie auch ruhig mit Freunden und Verwandten darüber, um ein genaues Bild davon zu bekommen, was sie in Ihnen sehen. Vielleicht gibt es Ihnen schon mehr als nur eine erste Ahnung, in welchen Bereichen sich bei Ihnen aus anderen Quellen als Ihrer ureigensten Meinungsbildung Inhalte in Ihrem Kopf festgesetzt haben, die Sie unter Konditionierung einstufen können.

Das Wissen aus dieser Übung ist essentiell für die weitere Arbeit mit dem Buch, da es sozusagen die Ausgangsbasis für die weiteren Erkenntnisse und Ableitungen ist, ich möchte es als Startpunkt der Erkenntnis bezeichnen.

Ich möchte Sie nun mit zum nächsten Kapitel nehmen und Ihre Konzentration auf Sie selbst verstärken.

03. Kapitel
WER BIN ICH EIGENTLICH?

Sie haben die erste praktische Übung gemeistert und haben eine tatsächlich niedergeschriebene Auflistung Ihrer prägenden Einflüsse, Erlebnisse und Ereignisse. Zudem wird Ihnen unter Umständen schon klar sein, was Sie davon verändern, woran Sie arbeiten möchten?

Natürlich können Sie die Dinge sofort angehen und sagen, dass Sie gewisse Dinge ab morgen anders oder ändern wollen, da will ich Sie auf keinen Fall aufhalten. Aber denken Sie daran, dass es wichtig ist, dass Sie sich selbst möglichst umfassend kennen sollten, um ein ganzheitliches Bild von Ihnen zu haben, um dann konkrete zielgerichtete Schritte einleiten zu können.

Deshalb möchte ich Ihnen etwas Geduld anbieten und Ihnen jetzt die Bedeutung der Fähigkeit zur Beantwortung der Frage „Wer bin ich eigentlich?" nahebringen.

Wer bin ich eigentlich? Kenne ich mich wirklich? Darum geht es in diesem Buch, Sie sollen durch die verschiedenen Übungen mehr über sich erfahren, sich hinterfragen und am Ende sich selbst wirklich kennen, um für Ihre Zukunft die Entscheidungen zu treffen, die Ihnen ermöglichen sollen, dass möglichst alle Ihre Träume, Ziele und Wünsche in Erfüllung gehen.

Ich werde Ihnen durch die Arbeit mit diesem Buch die Möglichkeit geben, dass Sie sich mit sich selbst auseinandersetzen, um genau zu erfahren, was Sie geprägt, beeinflusst hat, was Sie in Ihrem Inneren für Bedürfnisse, Ziele und Wünsche haben. Ich will, dass Sie erkennen, was Ihnen guttut, was Sie von Ihrem Leben tatsächlich erwarten, wo Ihre Stärken sind, auf welche Erfolge Sie schon selbstbewusst zurückblicken können, was Sie bereits im Leben erreicht haben.

Warum? Ich will, dass Sie sich selbst dazu befähigen, dass Sie all dies über sich selbst erkennen, um Ihre Zukunft um Ihrer selbst willen so konfigurieren zu können, dass Sie die Inhalte in Ihrem Leben vorfinden können, die Sie auch tatsächlich in Ihrem Leben haben wollen!

Ich habe mit 38 Jahren durch Eigenantrieb, Neugierde und die Hilfe meines Coachs angefangen, mich besser und selbst kennenzulernen, und ehrlich gesagt endet der Prozess nie wirklich, denn man verändert sich selbst, das Umfeld und die Umwelt auch und dies stößt einen laufenden Prozess immer wieder an. Der große Vorteil ist, dass man weiß, dass man es selbst in der Hand hat, sich mit Dingen abzufinden oder selber gestaltend aktiv zu werden. Ich bin mir selbst-bewusst geworden und das hat mich in die glückliche Lage versetzt, Entscheidungen für meine Zukunft zu definieren und vorzunehmen, sodass ich sagen kann, nun kenne ich meine Ziele und Wünsche und ich weiß um die Maßnahmen/Dinge, die ich tun muss, um genau diese Ziele und Wünsche zu erreichen. Die Entscheidungen, die nach dieser Selbsterkenntnis anstehen, können sehr unterschiedlich und facettenreich sein. Dabei können die Entscheidungen sämtliche Bereiche Ihres Lebens betreffen oder auch nur Teile, je nach Ihrer Erkenntnis oder Feststellung hinsichtlich Ihrer eigenen Person.

Es kann sein, dass Sie zu der Erkenntnis gelangen, hier und da ein paar Charaktereigenschaften zu ändern, es kann aber durchaus sein, dass Ihnen nach der Arbeit mit diesem Buch ein Bild vor Augen erscheint, dass Sie zu größeren Veränderungen bringt, da Sie sonst Ihre Ihnen wirklich wichtigen Ziele und Wünsche nicht erreichen beziehungsweise erfüllen können.

Ich empfinde, dass man es sich selbst schuldig sein sollte, sich selbst wirklich zu kennen, um sein Leben zielgerichtet gestalten zu können, denn bis dato konnte noch niemand beweisen, dass wir mehrere Chancen beziehungsweise Leben bekommen, um das eigene Leben nach seiner individuellen Vorstellung leben zu können! Die Zeit rast in unserem Leben und unserer Gesellschaft, die Technologien entwickeln sich im gleichen Maße rasant weiter. Deshalb halte ich es für extrem wichtig, dass man für sich selbst genau weiß, welchen Platz man im eigenen Leben einnehmen möchte, welche Art von Leben man für sich führen möchte. Die Erkenntnis, sich selbst zu kennen und den Weg seines Lebens aktiv zu gestalten, sollte jeder Mensch so früh wie möglich erlangen, damit ihm nicht am Ende seines Lebensweges erst auffällt, was er nicht getan hat, aber doch unbedingt tun wollte.

Wenn Sie sich die Zeit nehmen und mit diesem Buch im Detail arbeiten, ja, dann wird es Zeit beanspruchen, aber die Erkenntnis über sich selbst wird Ihnen helfen, sehr viel Zeit zu sparen, da Sie viel zielgerichteter Ihren Weg zu Ihren Träumen, Zielen und Wünschen gehen können werden. Die Erkenntnisse und die zielgerichtete Nutzung der Zeit, und das ist von großer Bedeutung, wird Ihnen auch die Möglichkeit geben, für die wichtigen Dinge in Ihrem Leben immer Zeit zu haben, wie zum Beispiel Familie, Freunde, Zeit für Sie selbst und vieles andere.

Wenn ich Menschen frage, ob sie meinen, sich selbst zu kennen, dann bekomme ich meistens die Antwort, „Klar, ich kenne mich gut!" Wenn man dann aber ein wenig ins Detail geht und zum Beispiel nach konkreten Stärken, Erfolgen, Zielen und Werten fragt, dann kommen einem sehr schnell oberflächliche, fragmentierte Inhalte oder Fragezeichen entgegen oder „Warum fragst du denn jetzt so genau?"

Danach folgt in der Regel sehr häufig auch die Aussage, dass man sich damit noch nicht oder nie so detailliert auseinandergesetzt habe. Wie bitte? Es ist doch das eigene Leben, von dem man nur eins hat, oder? Hier sollte es doch sehr wichtig sein, sich selbst genau zu kennen, um darauf basierend sein künftiges Leben nach seinen Vorstellungen ausrichten zu können!?

Dieses Buch soll dem interessierten Leser, Ihnen, denn sonst würden Sie diese Zeilen nicht lesen, helfen, sich selbst zu kennen, und ich möchte es durchaus einen Härtetest für all diejenigen bezeichnen, die der Meinung sind, dass sie sich schon ganz gut kennen.

Sie werden sich an manchen Stellen sicherlich so fühlen, als müssten Sie sozusagen „die Hosen runterlassen", aber seien Sie beruhigt, denn niemand außer Ihnen schaut dabei zu.

Wenn Sie sich darauf einlassen, kann ich Ihnen allerdings versprechen, dass Sie mehr über sich erfahren, als Sie bis dato in Ihrem Leben über sich erfahren oder gelernt haben!

Sie sollten alle Ängste oder Befürchtungen, dass Sie vielleicht auf Dinge stoßen, die Ihnen evtl. nicht gefallen, die Sie nicht wahrhaben, sich nicht eingestehen möchten, oder dass Sie Dinge aus scheinbar abgeschlossener Vergangenheit aufwühlen, getrost beiseite tun. Ich möchte nicht sagen, dass dies nicht passieren kann, unter Umständen ist es sogar besser, wenn es passiert, denn dann setzen Sie sich wirklich mit den Inhalten entsprechend detailliert auseinander. Aber ich möchte Ihnen versichern, dass es sich wirklich lohnt, dies zu tun, denn das, was Sie dafür zurückbekommen, wird Ihnen eine sehr wertvolle Entscheidungsgrundlage für Ihre Zukunft geben und das Verständnis, dass Sie jeden einzelnen Tag selbst entscheiden können, welchen Weg Sie einschlagen wollen, denn Sie kennen sich ja und wissen daher bestens, was Sie in Ihrem Leben haben wollen und was nicht. Wenn Sie diesen Status erreicht haben, haben Sie einen großen Schatz gehoben, den sehr viele Menschen auf diesem Planeten nicht gefunden haben oder ihn nicht finden wollten, weil Sie sich in ein fremdbestimmtes Dasein be-/ergeben haben, ich meine damit, dass Sie über Selbst-Bewusstsein verfügen!

Sich selbst bewusst zu sein bedeutet, selbst Einfluss zu haben, selbstbestimmend auf das eigene Leben in allen Bereichen Einfluss nehmen zu können!

Und ich werde Ihnen noch einen weiteren Grund geben, warum Sie sich selbst kennenlernen und Ihren eigenen Weg zu Ihren selbstbestimmten Träumen, Wünschen und Zielen beschreiten sollten.

Solange Sie aus der Konditionierung und aus vorgelebten, erlernten, aber nicht Ihren selbst gewählten Motiven heraus agieren, werden Sie immer nur eine Art Kopie sein. Eine Kopie von etwas, was in Ihren Kopf, Ihre Gedanken eingepflanzt wurde und fremdgesteuert gewachsen ist. Das Problem ist, dass eine Kopie immer schlechter als das Original sein wird und damit möchte ich Ihnen bewusst machen, dass es nichts Besseres für Ihr Leben geben kann, als sich wirklich selbst zu kennen und daraus die für sich tatsächlich gewollte Richtung in seinem Leben einzuschlagen. Mit dieser Klarheit über sich und seine Motive beziehungsweise Wünsche und Ziele gewinnt man Selbstvertrauen in die eigene Person. Dieses Selbstvertrauen gilt es, konsequent auszubauen und es sich bewusst zu machen. Dazu dient auch die anschließende Übung.

Es ist mir in diesem Kapitel sehr wichtig, aufbauend auf die erste praktische Übung, Ihnen die Bedeutung der Fähigkeit zur Beantwortung der Frage „Wer bin ich eigentlich?" und die daraus entstehenden Chancen klarzumachen.

Damit Sie nun aufbauend auf Ihren Blick in die Vergangenheit und Ihre identifizierten Konditionierungsinhalte den nächsten Schritt zu einem klareren Blick auf sich selbst bekommen, folgt jetzt die Arbeit mit Ihren inneren Schätzen.

Ich wünsche Ihnen viel Spaß und Erfolg dabei!

04. Kapitel
EIGENE INNERE SCHÄTZE

Dieser Teil wird Sie staunen lassen, zu welchen Schlüssen Sie bei genauer Betrachtung und Einschätzung der einzelnen Punkte kommen.

Erstaunlicherweise erlebe ich im privaten sowie beruflichen Umfeld immer wieder, dass Menschen, wenn sie nach ihren inneren Schätzen wie den Begabungen, positiven Eigenschaften oder auch Fähigkeiten gefragt werden, wenn überhaupt nur sehr wenige nennen können. Ich rede hier aber nicht nur von extrem introvertierten oder äußerst bescheidenen Menschen, sondern von Menschen jeden Alters, jeder Schicht, jeden Geschlechts und unterschiedlichster Herkunft.

Die Menschen wissen es meiner Meinung nach einfach nicht wirklich oder verkaufen sich unter Wert, weil ihnen das richtige Bewusstsein fehlt! Die Nennungen, die umgehend oder auch nach kurzer Überlegung gemacht werden, sind meistens sogar in vielen Fällen gleich, weil es die Inhalte sind, die man auch im Bewerbungsgespräch oder zur Aufnahme in ein bestimmtes Amt (wie z. B. dem Elternbeirat, dem Vereinsvorsitz oder Ähnliches) machen würde.

Dabei ist es völlig klar, dass jeder Mensch innere Schätze hat und dies meiner Meinung nach sogar in einer nicht unerheblich hohen Anzahl. Es gehören auch die allzu selbstverständlichen Dinge dazu und es muss nicht immer nur in Superlativen gedacht werden, wenn man über Stärken, Begabungen oder Fähigkeiten spricht. Allerdings scheint das in unserer heutigen Gesellschaft genau das Problem zu sein, dass die Menschen sich leider eher klein machen, weil Sie im Vergleich zu den allzu oft medienwirksam inszenierten Kreisen, wie Schauspielern, Musikstars, Firmenimperien-Inhabern etc. aus ihrer Sicht gar keine inneren Schätze für sich selbst ableiten oder beanspruchen können!

Das ist natürlich Unsinn und hier möchte ich Sie an den alten Spruch erinnern, dass auch diese Menschen „nur" Menschen sind und mit Wasser kochen. Vielleicht haben diese Menschen allerdings mehr Selbstbewusstsein, Selbstvertrauen und ihre „Hausaufgaben" schon gemacht?

Trennen Sie sich für die Übung bitte dringend von Vergleichen und beanspruchen Sie für sich Ihre eigenen inneren Schätze. Wenn Sie die folgenden Seiten bewusst und konzentriert durchgehen, werden Sie nicht nur mehr über sich wissen, sondern auch mehr Stolz für sich selbst empfinden, denn es werden Ihnen mit Sicherheit zutreffende Dinge auffallen, an die Sie bis dato gar nicht gedacht haben, die Sie an sich eventuell gar nicht bewusst wahrgenommen haben.

Sehr wichtig für die folgende zweite praktische Übung ist auch hier, dass Sie sich Zeit für dieses Kapitel nehmen, denn bei der Betrachtung der einzelnen Inhalte/Orientierungshilfen, die nicht den Anspruch auf Vollständigkeit haben, sollten Sie sich ruhig eigene konkrete Beispiele vor Ihr geistiges Auge holen, denn das wird Ihnen Bestätigung für Ihre persönliche Auswahl bringen.

Zudem bitte ich Sie, sich auf die positiven Eigenschaften zu fokussieren. Die Konzentration auf die positiven Dinge soll Sie stärken und Ihnen Rückenwind für die Auseinandersetzung mit sich selbst geben. Sie sollen feststellen, dass Sie schon jetzt jemand sind, jemand der sich nicht kleinmachen muss und der um die Dinge weiß, die man gut macht oder kann. Sie sollen sich selbst Anerkennung zusprechen, indem Sie gute Dinge in und an sich erkennen. Aus der Position der Stärke und mit einem bereits veränderten Blick für Ihr Selbst-Bewusstsein werden Sie später im Buch auf die Inhalte eingehen können, die Sie im Rahmen der Konditionierung als verbesserungsbedürftig eingestuft haben. Dann werden Sie erkennen, wie Sie die Veränderung dieser konditionierten Inhalte in sich, deren „Umprogrammierung" am besten vornehmen werden. Es wird Sie in eine Position bringen, in der Sie jeden Tag auf positive Dinge blicken können, wenn Sie den Tag vor Ihrem geistigen Auge reflektieren. Sie werden stolz auf Ihre positiven Eigenschaften sein, aber auch stolz darauf sein, wenn Sie auf die Entwicklung der Dinge sehen, an den Sie arbeiten wollen, da Sie sie bewusst entschieden als veränderungsbedürftig eingestuft haben.

Anbei möchte ich Ihnen natürlich wieder hilfreich zur Seite stehen und Sie auf die Übung unterstützend vorbereiten. Deshalb möchte ich

Ihnen nun eine Wolke aus positiven Eigenschaften, Begabungen und Fähigkeiten aufzeigen, aus denen Sie bitte die Elemente auswählen, die Sie als zutreffend auf Ihre Person betiteln würden. In dieser Übung gilt ebenfalls, dass Sie Ihr Licht nicht unter den Scheffel stellen sollen. Im Gegenzug sollten Sie im gleichen Maße ehrlich zu sich selbst sein und sich nicht mit Attributen schmücken, die nicht auf Sie zutreffen.

Denken Sie daran, Sie haben das Buch gekauft, damit Sie die Frage „Kennst Du Dich?" mit einem klaren Ja beantworten können! Belohnen Sie sich selbst mit einer soliden, ehrlichen Erarbeitung dieser Erkenntnis. Es wird Ihnen den größten Nutzen bringen!

Hier die „Wolke" von inneren Schätzen, die Ihnen viele Impulse bieten soll, um Ihnen bei der Selbsteinschätzung zu helfen:

- Kommunikationsfähigkeit	- Belastbarkeit	- Offenheit
- Verkaufstalent	- Erklären können	- Tanzen
- Organisationstalent	- Selbstsicherheit	- Malen
- Orientierung geben	- Menschennähe	- Ausdauer
- Selbstvertrauen	- Risikobereitschaft	- IT-Kenntnisse
- Handwerkliches Geschick	- Entschlossenheit	- Sport
- Verantwortungsbewusstsein	- Kritikfähigkeit	- Schauspiel
- Leistungsbereitschaft	- Authentisch sein	- Singen
- Umgang mit Tieren	- Musik machen	- Fantasie
- Durchsetzungsvermögen	- Einsatzbereitschaft	- Kochen
- Selbstbewusstsein	- Urteilsvermögen	- Spontanität
- Einfühlungsvermögen	- Menschenkenntnis	- Charisma
- Experimentierfreudigkeit	- Bücher schreiben	- Flexibilität
- Begeisterungsfähigkeit	- Organisationstalent	- Konsequenz
- Überzeugungskraft	- Delegationsfähigkeit	- Glaube
- Zielstrebigkeit	- Fairness anwenden	- Kreativität
- Aufgeschlossenheit	- Selbstständigkeit	- Integrität
- Delegieren können	- Motivieren können	- Loyalität
- Souveränes Auftreten	- Präsentationstalent	- Offenheit
- Umgang mit Menschen	- Eigeninitiative	- Humor
- Strategisches Denken	- Zuverlässigkeit	- Intuition
- Motivationsfähigkeit	- Führungsstärke	- Autorität
- Eigene Meinung vertreten	- Vermittlungstalent	- Innovation
- Netzwerke aufbauen können	- Teamfähigkeit	- Auftreten

- Hohe Eigenmotivation
- Kontaktfähigkeit
- Loben können
- Antizipationsfähigkeit
- Räumliches Denken
- Konfliktfähigkeit
- Entscheidungsfähigkeit
- Gerechtigkeitssinn
- Veränderungsbereitschaft
- Lösungsorientierung
- Einfühlungsvermögen
- Analytische Fähigkeiten
- Schnelligkeit
- Analytisches Denken
- Organisationstalent
- Argumentationen
- Kritikfähigkeit
- Anerkennung geben
- Schlichten können
- Unterhaltung
- Positive Ausstrahlung
- Wissbegierde
- Aufmerksamkeit
- Verlässlichkeit
- Verhandlungsstärke

- Blick für Möglichkeiten

- Kontaktfreudigkeit
- Fähigkeit, zuzuhören
- Glaubwürdigkeit
- Geschäftssinn
- Ausdrucksfähigkeit
- Soziale Einstellung
- Selbstvertrauen
- Freundlichkeit
- Lernfähigkeit
- Vielseitigkeit
- Mit gutem Beispiel vorangehend
- Logisches Denken
- Positionierung der eigenen Person
- Handlungs- und Lösungsorientierung
- Liebe geben und zeigen können
- Führungspersönlichkeit
- Freude offen zeigen können
- Freude empfinden können
- Verhandlungsstärke
- Positives Auftreten
- Ausgeglichenheit
- Kämpfer sein
- Selbstvertrauen
- Besonnenheit
- Unternehmerisches Denken und handeln
- Sprachgewandtheit

- Toleranz
- Ehrgeiz
- Neugierde
- Fröhlichkeit
- Ehrlichkeit
- Toleranz
- Disziplin
- Geduld
- Macher sein
- Nahbarkeit

Listen Sie nun mithilfe der „Wolke" und Ihren eigenen Einschätzungen Ihrer inneren Schätze (Begabungen, Stärken, Eigenschaften und Fähigkeiten) auf:

_____

_____

_____

_____

_____

_____

_____

_____

_____

_____

_____

_____

_____

Gut gemacht!

Wenn Sie diese Zeilen lesen, haben Sie die zweite praktische Übung geschafft, Sie haben Ihre eigenen inneren Schätze identifiziert und schriftlich fixiert. Sie sind dem (erneuten) Kennenlernen Ihrer eigenen Persönlichkeit näher gekommen. Dazu möchte ich Ihnen herzlich gratulieren und am liebsten würde ich Sie nun persönlich fragen, wie überrascht Sie über das Ergebnis sind!

Wenn Sie in einzelnen Punkten noch etwas unsicher sind oder aber Understatement haben walten lassen, dann möchte ich Sie bitten, eine vertraute Person zu fragen, ihre Einschätzung hinsichtlich des Zutreffens der einzelnen Punkte vorzunehmen.

Es ist wirklich wichtig, dass Sie von der Auswahl und Entscheidung für die einzelnen Inhalte überzeugt sind.

Denn diese Überzeugung wird Ihnen auch viel Selbstbestätigung und Selbstvertrauen geben, dass Sie sich dieser Dinge (selbst-)bewusst sind, und es wird Ihnen den eventuell vorhandenen Druck nehmen, wenn Sie zu den Menschen gehören, die oft um Anerkennung kämpfen müssen, denn mit einem Blick auf Ihre Auflistung wissen Sie, dass Sie jemand sind, der etwas kann!

Ich möchte Ihnen zudem den Ratschlag geben, dass Sie ruhig eine Person Ihres Vertrauens auf Ihre Auflistung schauen lassen. Wählen Sie jemanden, der Sie sehr gut kennt, aber Sie nicht anhimmelt, sondern auch durchaus einen positiv-kritischen Gegenpart in Ihrer Freundschaft oder Partnerschaft einnimmt.

Es wird Ihren Ausarbeitungen unter Umständen noch mehr Schärfe, Klarheit und somit mehr eigene Akzeptanz beziehungsweise anerkannte Gültigkeit geben können.

Lesen Sie sich die Auflistung Ihrer eigenen inneren Schätze ruhig häufiger durch, es wird Ihnen guttun. Sie können es auch immer als aufbauendes Element nutzen, wenn Ihre Stimmung durch zum Beispiel negative Kritik im Job eher getrübt ist.

05. Kapitel
INNERE SCHÄTZE: STÄRKEN UND SCHWÄCHEN

Mit der Bearbeitung des letzten Abschnittes haben Sie einen weiteren wichtigen Baustein bearbeitet und sind der Selbsterkenntnis ein Stück nähergekommen. Vertiefend auf die Erkenntnisse bezüglich Ihrer inneren Schätze werden wir nun in diesem Kapitel auf die Identifikation und Erkennung von Stärken und Schwächen eingehen.

Die Stärken und Schwächen sind bewusst von der Erarbeitung Ihr inneren Schätze getrennt, denn leider neigen die Menschen dazu, sich mehr auf die Dinge an sich selbst zu konzentrieren, die sie in ihrem subjektiven Empfinden für eher negativ oder weniger gut halten. In diesem Kapitel geht es darum, dass Sie sich der inneren Schätze bedienen, um diese im Detail als Stärke oder gegebenenfalls auch als Schwäche zu identifizieren und deren Bedeutung für Ihr tägliches Leben in allen Lebensbausteinen einzuschätzen lernen.

Warum diese scheinbar doppelte Übung?

Es ist ganz einfach, denn die folgende Übung wird Ihnen bei möglichst offener und ehrlicher Bearbeitung zeigen, worauf Sie sich konzentrieren sollten, weil Sie darin gut sind und woran Sie arbeiten können, wenn Sie es auf Ihrem Weg zu Ihren Zielen für wichtig sowie notwendig erachten.

Es ist sehr wichtig für Sie, zu wissen, dass aus den inneren Schätzen, also den eigenen Stärken, durchaus eigene Schwächen entstehen können oder gegebenenfalls bereits existieren, wenn die Stärken eine extreme Ausprägung oder Intensität aufweisen. Manchmal sind gewisse bekannte Stärken für die Rolle des „Inhabers" auch einfach unpassend.

Als Beispiel kann man die Stärke Experimentierfreudigkeit nehmen, die zum Beispiel im Beruf des Sicherheitsbeauftragten in einem Chemiepark oder Atomkraftwerk nicht als Stärke angebracht werden könnte. Das Beispiel für eine extreme Ausprägung kann die Detailverliebtheit oder Präzision sein, die, sofern sie extremere Ausmaße annimmt, von der Stärke zur Schwäche wird, weil sie zu viel Zeit kostet und Dinge verzögert beziehungsweise nicht fertig werden lässt.

Ich möchte Ihnen noch einige weitere Beispiele geben, die Sie für die folgende Identifikation und Einordnung Ihrer inneren Schätze in tatsächliche Stärken oder auch Schwächen nutzen können.

- **Kommunikation**: Kann eine wichtige Stärke sein, kann aber zur Unterhaltungsshow mutieren, wenn man jeden Klatsch und Tratsch weiterträgt.
- **Schnelligkeit**: Im Falle eines Maurers kann es eine Stärke sein, bei einem Chirurgen unter Umständen unpassend und gefährlich für den Patienten.
- **Kundenorientierung**: Eine Stärke, die nicht ins Extrem verfallen darf und dann das Wohl der Firma hinten anstellt, wenn z. B. zu hohe Preiszugeständnisse erfolgen.
- **Lernbegeisterung**: Wissen zu erwerben ist wichtig, die Intensität darf die Anwendung und das tatsächliche Handeln aber nicht erdrücken.
- **Einfühlungsvermögen**: Wichtig, aber wenn es häufig die eigene Stimmung berührt, dann ist es eventuell zu viel und man wird selbst Teil, statt außen vor zu bleiben (man leidet unter Umständen mit).
- **Guter Zuhörer sein**: Wenn es dazu führt, dass man zum Kummerkasten oder zur Problemabladestelle für andere mutiert, dann ist es keine Stärke mehr.
- **Ausgeprägte Persönlichkeit**: Eine Stärke, sofern man sich nicht selbst dabei erwischt, dass man „Probleme" hat, sich unterzuordnen oder seine Haltung stets für die Richtige hält.

Ich wiederhole absichtlich noch mal, dass das Bewusstsein über die eigenen Stärken und Schwächen nicht nur als ein Element der Selbsterkenntnis wichtig ist, sondern es gibt uns zugleich auch Aufschluss darüber, welche Inhalte man bis dato in welchem Umfang bewusst oder aber auch bewusst nicht für das eigene Leben genutzt hat. Die Erkenntnis seiner Stärken und Schwächen lässt zudem darauf schließen, was einem selbst möglich wäre, wenn man sich dieser Inhalte tatsächlich bewusst ist und sie gezielt für seine Träume, Wünsche und Ziele einsetzen würde.

Sie werden Inhalte erkennen und festlegen, die Sie bearbeiten bzw. abstellen müssen, um Ihre Ziele, Wünsche und Träume erfüllen zu können, andererseits wird es Ihnen aber auch aufzeigen, dass es teilweise keinen Sinn macht, sich weiter mit einer möglichen selbstdefinierten/-empfundenen Schwäche zu beschäftigen und sich stattdessen lieber mit dem Ausbau der Stärken beschäftigen muss, da die Schwäche eben nur selbstdefiniert, gegebenenfalls unbestätigt und ihre Bedeutung für die eigenen Ziele nicht relevant ist.

Hinsichtlich der Identifikation und der Erkenntnis seiner Schwächen möchte ich Ihnen einen wichtigen Rat mit auf den Weg geben.

Bewusst sollte man sich der Dinge, die wir für uns selbst Schwächen oder negative Eigenschaften nennen, sein, aber Sie dürfen keine Dominanz in unserem eigenen Geist erreichen, denn sonst beherrschen sie ihn und bringen nur noch mehr davon. Ordnen Sie die Schwächen hinsichtlich ihrer Bedeutung in Ihren Lebensbausteinen ein und gehen Sie analog ihrer Bedeutung auf sie ein. Der Fokus muss sein, dass Sie sich auf Ihre Stärken konzentrieren, denn was bringt es einem Menschen, sich auf das zu konzentrieren, was er nicht kann, nicht weiß und/oder nicht möchte?

Mit dem Fokus auf solche Dinge wird jeder Mensch zermürbt und sieht irgendwann auf sein Leben zurück, welches ihm als ungerecht hartes Los zugeteilt wurde und er doch so gerne ein besseres Leben gehabt hätte, wo man seine Stärken gelobt, sein Wissen bewundert und er all die Dinge gehabt hätte, die er haben wollte.

Ich erinnere Sie vor der dritten praktischen Übung nochmals daran, Sie sind der Gestalter Ihres Lebens und Sie können unabhängig von Ihrem jetzigen Alter sofort damit beginnen, sich als Lebensgestalter zu betätigen, wenn Sie es wirklich wollen und für wichtig erachten.

Ich gebe Ihnen auch hier den Ratschlag, dass Sie ruhig eine Person Ihres Vertrauens auf Ihre Auflistung schauen lassen, um eine weitere Meinung und Einschätzung, gegebenenfalls aber auch schlicht Bestätigung, bekommen zu können.

Ich wünsche Ihnen nun viel Erfolg bei der Übung.

Selbstdefinierter innerer Schatz
Stärke oder Schwäche
Bedeutung für die Lebensbausteine (Familie, Beruf, Gesundheit,
Beziehungen, Geld, Einstellung)

Beispiel: _____

Delegationsfähigkeit _____

ja _____

Sehr wichtig für den Beruf, muss ich bei anstehenden Aufgaben
ausbauen

Glückwunsch an dieser Stelle! Sie haben bereits die dritte praktische Übung gemeistert und verfügen nun über etliche Erkenntnisse in diesen drei Themenfeldern:

Fassen wir die Erkenntnisse aus den drei Übungen ganz kurz zusammen, um Ihnen einen Überblick über das Erreichte zu geben.

Sie haben
1) Ihre Konditionierungsinhalte aus Erlebtem, Ereignissen und prägenden Einflüssen,
2) Ihre inneren Schätze,
3) Ihre Stärken und Schwächen aus Ihren inneren Schätzen identifiziert und deren Bedeutung für Ihre Lebensbausteine Familie, Gesundheit, Beziehungen, Beruf, Einstellung/Denkweise, Geld, Zukunft bewertet.

Sie können stolz auf sich sein und mir glauben, dass Sie nun bereits mehr wissen, als manche Menschen je in ihrem Leben über sich wissen werden. Viele Menschen meinen es natürlich, zu wissen, aber ich frage Sie, wie das möglich sein soll, wenn man sich nicht derart und genau mit sich selbst beschäftigt?

Ich bin sicher, dass sich über sich selbst bewusst zu werden und Erkenntnis über die eigene Person zu erhalten, hart und diszipliniert erarbeitet werden muss. Dies wird definitiv nicht per Eingebung über die Nacht oder automatisch mit Erreichen der Volljährigkeit vollzogen!

Sie sind auf dem besten Wege dorthin!

Im nächsten Kapitel werde ich Sie mit der Identifikation Ihrer eigenen Erfolge beschäftigen und glauben Sie mir, Sie werden einiges in Ihrem Leben vorweisen können! Freuen Sie sich auf das nächste Kapitel und die zu gewinnenden Erkenntnisse.

06. Kapitel
EIGENE ERFOLGE UND DEREN EINFLUSS

Durch den Inhalt in diesem Kapitel sollen Sie das Vertrauen in Ihre eigene Person und Ihre Fähigkeiten stärken, dass Ihre aufgeführten Träume, Ziele und Wünsche wirklich durch Sie zu erreichen sind. Diese Vorgehensweise und die anstehende Übung haben mir große Erkenntnisse über mich selbst gebracht.

Zudem wird mit diesem Kapitel die Brücke von der einen Seite des Ufers (Ihren eigenen festgestellten Erfolgen) zu der anderen Uferseite (Wirkung auf das eigene Leben) geschlagen. Auf dieser anderen Uferseite werden Sie damit konfrontiert, dass Sie sich den Einfluss, den Sie selbst mit Ihren Erfolgen auf Ihr Leben bewirkt haben, wirklich bewusst machen müssen.

Ziel dieses kommenden Kapitels ist, dass Sie sich dieser Auswirkungen nicht nur klar werden, sondern auch dass Sie mit Ihrer bewussten Entscheidung, zu handeln, jederzeit Erfolge erzielen können. Dass Sie auf Ihr Leben den Einfluss nehmen können, um es in die Richtung zu lenken, wo Sie hinmöchten. Sie werden bei der folgenden Übung feststellen, dass Sie Dinge geschafft haben, die Sie vor Jahren wohl nicht für möglich oder sogar für unrealistisch gehalten haben.

Hierzu werden Sie, wie beim Thema Konditionierung, einen Blick zurück in Ihre Vergangenheit werfen müssen, der allerdings nicht so weit zurückreichend sein muss, wie im Falle der Thematik Konditionierung.

Ich werde Ihnen mit diesem Teil des Buches die wichtige Tatsache vor Augen führen, dass natürlich nicht nur die Eltern, das private Umfeld oder der Beruf Einfluss auf Sie genommen haben, sondern im erheblichen Maße auch Sie selbst.

Dabei will ich Ihre Aufmerksamkeit insbesondere auf Ihre bereits erreichten Erfolge lenken, die sowohl Sie in Ihrem Leben wie auch jeder andere Mensch in seinem Leben vorweisen kann!

Dies ist ebenfalls eine Übung, die ich auch im Rahmen meines Coachings gemacht habe, und ich tat mich zunächst schwer, an Erfolge zu denken. Zumindest traf mich hierbei erst mal der altbekannte Fehler, dass ich unter Erfolgen nur nach großen Dingen suchte, anstatt mir auch der kleinen Erfolge bewusst zu werden, aus denen in einigen Fällen im Laufe der Jahre sogar noch größere Erfolge entstanden sind.

Ich war wirklich erstaunt und positiv gestimmt, als ich mir meine erreichten Erfolge aus der Vergangenheit bewusst gemacht hatte, und das hat mich für die Zukunft motiviert.

Wie sehen die eigenen bereits erreichten Erfolge aus? Wie bereits erwähnt, dieses Kapitel soll Ihnen nach einem Rückblick auf Ihre Vergangenheit und der Bearbeitung zeigen, welche Erfolge Sie bereits im Laufe der letzten Jahre, ja, sogar in Ihrem bisherigen Leben erreicht haben und welchen Einfluss Sie selbst auf Ihr Leben genommen haben.

Dazu wollen wir zunächst mal mit der Antwort auf die Frage starten, was denn überhaupt ein Erfolg ist? Gibt es überhaupt eine klare Definition von Erfolg?

Im Duden wird Erfolg als positives Ergebnis einer Bemühung und Eintreten einer beabsichtigten, erstrebten Wirkung gedeutet. Dies drückt eher die allgemein umfassende Perspektive aus. [6]

Im Gabler Wirtschaftslexikon wird Erfolg definiert als das i. d. R. in monetären Größen erfasste bzw. ausgedrückte Ergebnis des Wirtschaftens; ermittelt durch die Erfolgsrechnung. [7]

Erfolg wird in den meisten Quellen als das Erreichen (selbst) gesetzter Ziele beschrieben. Aber es gibt keine eindeutige Definition von Erfolg, denn jeder Mensch empfindet Erfolg anders oder ordnet Ereignisse, Erlebtes oder Sachverhalte unterschiedlich ein. Dies bedeutet, dass Sie sich darüber im Klaren sein müssen, was Sie in Ihrem Leben bereits erreicht haben und völlig zu Recht als Erfolg verbuchen können.

Ich möchte Ihnen an dieser Stelle einen sehr wichtigen Rat zur Unterstützung bei der Bearbeitung beziehungsweise beim Rückblick auf Ihre Erfolge geben.

---

[6] http://www.duden.de/rechtschreibung/Erfolg 14.10.2013 S. 1
[7] http://wirtschaftslexikon.gabler.de/Definition/erfolg.html 14.10.2013 S. 1

Machen Sie sich nicht klein, im Leben eines jeden Menschen gibt es eine Menge von Erfolgen. Öffnen Sie Ihren Geist für alle Dinge, die Ihnen wirklich gut gelungen sind, über die Sie sich gefreut haben, für die Sie Lob und Anerkennung bekommen haben. Erinnern Sie sich auch an die Dinge, die Sie gefürchtet haben, die Sie angegangen sind und geschafft haben. Notieren Sie auch die Dinge, die Sie gelernt haben, gut können oder Dinge, bei denen Sie immer um Rat gefragt werden. Schreiben Sie einfach alles auf, was Sie mit einem positiven Gefühl zu sich selbst verbinden und was Sie mit Stolz, Selbstbestätigung, Selbstvertrauen und Selbstachtung erfüllt.

Viele Menschen wissen bei der Frage nach den erreichten Erfolgen nicht, was sie antworten sollen, und ich wette, dass es vielen der Leser dieses Buches ebenso ergehen wird. Der Grund ist in der Regel die Definition von Erfolg und der Empfindung, ab wann etwas als Erfolg sozusagen benannt oder verbucht werden kann.

Die Menschen sehen meistens nur den Erfolg im Zusammenhang mit prominenten Personen, finanziellem sowie materiellem Überfluss. Hier zeigen sich das Ergebnis unserer heutigen Gesellschaft und die Dominanz der Medien, die den Begriff Erfolg mit diesen Bildern untrennbar in Verbindung bringen und ausdrücken.

Diese Darstellung von Erfolg ist jedoch keinesfalls umfassend, korrekt und empfehlenswert, denn selbst die scheinbar kleinen Dinge können als Erfolge verbucht werden und sie können in der Reflexion großen Aufschluss über Begabungen und Fähigkeiten, aber auch über den Charakter eines Menschen zulassen. Es muss nicht immer die Erfindung der Glühbirne oder eines bahnbrechenden Medikamentes sein, damit man für sich selbst einen Erfolg verbuchen kann. Nein, oft sind es zunächst gerade die kleinen Dinge und das Bewusstsein über das Tun sowie über die Einstufung als Erfolg, die uns wachsen lassen, denn mit jedem bewussten Verbuchen eines Erfolges werden Sie zwangsläufig in Ihr eigenes Selbstvertrauen investieren und es aufbauen.

Dies wird Sie in der logischen Konsequenz selbstbewusster, entschiedener, entscheidungsfreudiger, offener und mutiger durchs Leben gehen lassen.

Zudem lässt sich auch aus der genauen Betrachtung seiner Erfolge sehr gut ableiten, was einem selbst wichtig ist, was man häufig getan hat und worauf man stolz sein kann. Die Identifikation von eigenen

Erfolgen kann aufzeigen, über welche Dinge man die größte Freude empfunden hat, und kann deshalb eine mögliche Richtung für Ihre Aktivitäten, Ihren möglichen Traumjob aufzeigen, weil Sie eben genau diese Inhalte in Zusammenhang mit Ihren Erfolgen als erfüllend empfunden haben. Um es etwas greifbarer zu machen, möchte ich Ihnen einige Beispiele geben:

Nehmen wir den Fall, dass eine Person finanziell unterstützend für ein Kinderheim aktiv geworden ist, um die Kinder hinsichtlich Einrichtung, Kleidung oder die Durchführung einzelner Feste zu unterstützen. Dieser Mensch hat eine Spende platziert, weil ihm der Sinn danach stand oder er schlichtweg etwas Gutes tun wollte. Viele Menschen würden sagen, dass es eine gute Tat ist, manche halten es für selbstverständlich.

Ich würde es einen riesen Erfolg nennen, den dieser Mensch für sich verbuchen sollte, denn er zaubert mit seiner Aktivität ein Lächeln in das Gesicht der Kinder.

Im Hinblick auf die Selbsterkenntnis und daraus ableitend sollte sich dieser Mensch bewusst machen, ob er offensichtlich das Bedürfnis hat oder sich verpflichtet fühlt, zu teilen und etwas für Bedürftige geben oder tun möchte. Die Wirkung seiner Aktivität auf ihn selbst und seine Umwelt kann aufzeigen, dass es mehr als nur ein Bedürfnis ist, zu helfen. Es kann ihm die Erkenntnis vergegenwärtigen, dass er dankbar für die Möglichkeit ist, zu geben, und tiefe Erfüllung dabei empfindet, den Dank in den Gesichtern der empfangenden Menschen zu sehen. Er realisiert in der Reflexion ein Glücksgefühl, wenn er für einen solchen Zweck gibt, welches so stark ist, dass er es zu einem festen Bestandteil seines Lebens, seiner Einstellung und seiner Denkweise macht.

Ein solcher Mensch hat aus seinem eigenen bewusst gewählten Erfolg, seiner Reflexion darüber ein erfüllendes Element gefunden, welches positiv auf ihn, sein Leben und sein Umfeld ausstrahlt.

Für ein weiteres Beispiel stellen Sie sich bitte die Situation vor, dass Sie sich vorgenommen haben, eine bestimmte Anzahl an Kilogramm Gewicht loszuwerden. Sie folgen dem Diätplan und/oder Ihrem Sportplan und erreichen nach der angedachten Zeit tatsächlich das gewünschte Gewicht. Ist das ein Erfolg? Aber selbstverständlich, und er zeigt Ihnen, dass Sie es mit Ihrer bewussten Entscheidung, etwas gegen Ihr Gewicht unternehmen zu wollen, erreicht haben.

Sie haben sich selbst dazu befähigt, sind diszipliniert geblieben und können deshalb den Erfolg einstreichen, der Ihnen vorher vielleicht nie gelungen ist, weil Sie unter Umständen nur halbherzig entschieden hatten, abzunehmen.

Diesen Erfolg haben Sie durch eine bewusste Entscheidung bewirkt und somit hat er Einfluss auf Ihr Leben genommen!

Ein letztes Beispiel ist für viele Leser vielleicht schon etwas weiter zurückliegend, aber es geht auch hier darum, Ihnen aufzuzeigen, welche Erfolge Sie bereits in Ihrem Leben erreicht haben und die maßgeblichen Einfluss auf Ihr Leben hatten. Deshalb wird es Ihnen auch Mut geben, dass Sie mit der Erkenntnis über sich selbst in der Lage sein werden, selbst sehr herausfordernde Ziele erreichen zu können.

Nehmen wir Ihren Studienabschluss oder die erfolgreiche Beendigung Ihrer Ausbildung, das war jeweils ein riesengroßer Erfolg, der am Ende einiger Jahre von Lerninhalten, bestandenen Prüfungen und sicherlich auch einigen Phasen von Selbstüberwindung eingefahren werden konnte. Dabei sind Sie persönlich gereift, haben einen entscheidenden Abschnitt in Ihrem Leben hinter sich gelassen und sind in den nächsten Lebensabschnitt eingetreten. Diese Erfolge haben Sie somit auf einen nächsthöheren persönlichen Level gebracht. Ein wahrlich toller Erfolg, den Sie bei Beginn der Ausbildung und des Studiums oder eventuell auch währenddessen nicht als Selbstläufer erwartet hatten.

Ich könnte nun noch etliche Ereignisse aufzählen, die man aus meiner Sicht als Erfolge werten sollte, um sich selbst klarzumachen, was man schon alles im Leben zu leisten imstande war und daher auch maßgeblich zur Beeinflussung des eigenen Lebens beitragen konnte.

Einige weitere Impulse zur leichteren Anwendung gebe ich Ihnen noch kurz vor der kommenden Aufgabe in diesem Kapitel.

Sich der eigenen Erfolge bewusst zu sein ist eine sehr wichtige Voraussetzung für das eigene Selbstvertrauen, denn es verleiht einem Stärke und eben das Vertrauen, dass man selbst Dinge, Inhalte aus eigenem Antrieb, Wissen sowie eigener Kraft schaffen kann. Es verleiht ein Glücksgefühl, Stolz, Anerkennung, Überzeugung und ein Selbstbewusstsein, begleitet von einer optimistischen Einstellung und Haltung.

Die Erinnerung und auch das bewusste Identifizieren von eigenen Erfolgen tun der eigenen Seele gut, es zeigt Ihnen, dass Sie jemand sind, dass Sie bereits wirkliche Erfolge und tolle Dinge vollbracht haben. Es wird Ihnen zudem Mut geben, die angestrebten Ziele und Wünsche zu verfolgen, ohne Angst vor den möglichen Aufwänden, Widerständen oder Ähnlichem zu haben.

Wenn Sie sich Ihre Erfolge vor Augen führen, steigert das schlichtweg Ihr Selbstwertgefühl und vertreibt unter Umständen sehr zügig die Stimmen, die Ihnen eventuell gesagt haben, dass Sie dieses oder jenes nicht schaffen werden. Über diese Stimmen können Sie folglich hinweglächeln und Sie wissen, dass Sie es können, dass Sie der Entscheider sind, und gehen gestärkt in Ihrer Persönlichkeit aus der Reflexion hervor.

Ihrem Umfeld wird eine solche Verhaltensweise und Einstellung natürlich nicht verborgen bleiben und glauben Sie mir, dass Menschen, die sich ihrer Erfolge bewusst sind, auch ganz anders wahrgenommen werden. Diesen Menschen schlägt immer Respekt, aber ehrlich gesagt nicht ausnahmslos Sympathie entgegen, da leider insbesondere in Deutschland der Neidfaktor sehr groß ist (da müssen nicht immer große Summen oder großes Eigentum existieren). Ich kann Sie allerdings beruhigen, denn in den meisten Fällen steht man den erfolgsbewussten Menschen sehr positiv gegenüber. Man sieht in ihnen durchaus Vorbildcharakter und viele Menschen wünschen sich oft, so zu sein, denn die erfolgsbewussten Menschen strahlen einen hohen Selbstwert aus und scheinen mit einem großen Selbstvertrauen ausgestattet.

Zudem wird es Ihnen aufzeigen, dass viele der Ängste, Befürchtungen oder das eventuelle Unwohlsein bei neuen, fremden oder großen Herausforderungen doch nicht so schlimm oder zum Teil sogar völlig unbegründet sein werden. Denn mit dem Blick auf Ihre bereits erreichten Erfolge werden Sie sehen, dass Sie vieles geschafft haben, was Sie in früheren Jahren eventuell nie für möglich gehalten haben.

Ich habe, wie oben erwähnt, selbst einmal mit einem Rückblick gestartet und musste mir meine Erfolge ins Gedächtnis holen. Mich hat es damals so beeindruckt, dass ich Ihnen deshalb nichts Neues, sondern die gleiche bewährte Vorgehensweise Vorschlage, wie ich sie von meinem Coach Bodo Schäfer, einem international sehr erfolgreichen Coach, Redner und Bestsellerautor, vermittelt bekam.

Lassen Sie uns nun starten und beginnen mit den konkreten Schritten für Ihren Rückblick. Betrachten Sie zunächst die letzten 12 Monate und listen Sie Ihre Erfolge, Ihren aktuellen Besitz sowie Ihre aktuellen Ziele auf. Überlegen Sie nicht lange, sondern beachten Sie meine genannten Hinweise und machen Sie sich nicht klein!

Wenn Sie dies gemacht haben, lesen Sie sich Ihre Erfolge in Ruhe durch und fragen Sie sich, ob Sie nicht doch etwas vergessen haben, weil Sie vielleicht doch etwas zu kritisch mit der „Zuteilung" Ihrer eigenen Erfolge waren. Wenn alles passt, dann genießen Sie ruhig Ihre Erfolge und seien Sie stolz auf diese Dinge!

Nun gehen Sie im besten Fall 10 – 15 Jahre in Ihrem Leben zurück und notieren Sie die Eigenschaften, wie Sie als Mensch waren, Ihre Besitztümer, Ihren Status und die Ziele, die Ihnen damals im Kopf waren.

Ich weiß, dass dies eine echte Herausforderung ist, aber glauben Sie mir, es wird wieder ein großer Schritt auf das Ziel des Buches sein, es wird Sie näher zu einem klaren Ja auf die Frage „Kennst Du Dich?" bringen.

Hier nun einige Impulse zu möglichen Erfolgsfeldern und Beispiele zu Erfolgen, um Ihnen in Vorbereitung auf die Aufgabe in diesem Kapitel ein wenig Orientierung und Erleichterung zu geben.

Listen Sie in den unten aufgeführten Zeilen nun bitte alle Dinge auf, die Ihnen aus folgenden Bereichen über die letzten 5 – 15 Jahre positiv in Erinnerung geblieben sind. Ich habe den Zeitraum in Abhängigkeit vom jeweiligen Alter des Lesers bewusst so breit aufgestellt. Sie sollten aber mindestens den Zeitraum von 5 Jahren bedienen können, besser sind natürlich mehr als 5 Jahre, um sich der Anzahl und der Ausmaße der eigenen Erfolge bewusster werden zu können.

Machen Sie die Dinge oder Ihre Taten nicht klein, sondern folgen Sie einfach Ihrem Gefühl. Ist es positiv in Ihrer Erinnerung verblieben, dann verbuchen Sie es als Ihren Erfolg!

- Freundschaften,
- Beziehungen,
- Familie,
- Gesundheit,
- Ernährung,
- Schule,
- Studium,
- Ausbildung,
- Ehrenamtliche Tätigkeiten,
- Vereinsaktivitäten,
- Sport,
- Wettkämpfe,

- Hobbys,
- Urlaube,
- Wettbewerbe,
- Anerkennung,
- Auszeichnungen,
- Bewältigung schwieriger Situationen,
- Schicksalsschläge

Beispiele für Erfolge im Rückblick, ob nun auf 5, 15 Jahre oder das ganze Leben:
- die Aufnahme in eine bestimmte Clique,
- die Führerscheinprüfung,
- der Schulabschluss oder die erfolgreiche Beendigung des Studiums,
- der Abschluss der Ausbildung,
- das erste Vorstellungsgespräch,
- die sportlichen Erfolge,
- die Gründung einer Familie, die Geburt des Kindes/der Kinder,
- kochen, Fußball spielen, zuhören, große Empathie,
- Lob und Anerkennung für bestimmte Dinge, Situationen oder Leistungen,
- Beförderungen,
- tolle handwerkliche Leistungen,
- persönliche Errungenschaften,
- erfolgte Anschaffungen,
- Geschenke,
- Leistungen im Job,
- tolle Erlebnisse mit der Familie,
- Ehrungen,
- wohltätige Engagements,
- überwundene Krisenzeiten,
- Überraschungen, mit denen Sie den Partner glücklich gemacht haben

Die Liste ist nahezu endlos zu verlängern. Sie sehen, es gibt wirklich so viele Dinge, die Sie als Erfolge verbuchen können. Machen Sie sich nun selbst ein Bild über die ganz persönlich von Ihnen geleisteten Highlights und erkennen Sie, was Ihnen schon alles möglich war.

Ich wünsche Ihnen viel Spaß und viele Erfolge!

Auflistung der eigenen Erfolge:

64

Herzlichen Glückwunsch und an dieser Stelle ein großes Lob für Ihr Engagement und Ihren Ehrgeiz. Sie haben eine weitere schriftliche Übung erledigt und dies war wieder ein wichtiger Schritt, denn gerade die schriftliche Erledigung ist von besonderer Bedeutung, da sie aufwendiger ist und Sie sich bewusster mit der jeweiligen Thematik auseinandersetzen. Zudem bleibt das Geschriebene deutlich stärker in Ihrem Kopf, Ihren Gedanken und Ihrem Bewusstsein hängen.

Sind Sie überrascht, wie viel Ihnen in den letzten Jahren gelungen ist, wie viele Erfolge Sie tatsächlich verbuchen können? Wie Sie sich weiter entwickelt, verändert haben und sich nun bewusster wahrnehmen? Wie sich Ihr Besitz und Ihre Ziele entwickelt und verändert haben?

Erkennen Sie, zu was Sie bereits imstande gewesen sind und was Sie selbst bewegt haben?

All dies zeigt Ihnen sehr viel über Ihre Person und öffnet Ihnen hoffentlich einen tieferen Einblick in Ihre Persönlichkeit, was Sie können und wie Ihr Weg verlaufen ist. Es eröffnet auch die Möglichkeit zum Innehalten, zur Um- und Neuorientierung oder auch zur Bestätigung des Beibehaltens des eingeschlagenen Kurses.

Es sollte motivieren und stolz machen! Es sollte Sie darüber hinaus auch neugierig und hungrig auf mehr machen, wenn es um derzeit noch offene Träume, Wünsche und Ziele geht.

Wie wichtig es ist, dass Sie dabei immer die Dinge im Fokus behalten, die Ihnen Spaß machen und Erfüllung bringen, und dass Sie Ihre Handlungen darauf ausrichten, das möchte ich Ihnen im nächsten Kapitel näherbringen.

07. Kapitel
SPASS UND ERFÜLLUNG

Warum ist es so wichtig, herauszufinden, was einem wirklich Spaß und Erfüllung bringt? Vielleicht haben Sie auch schon häufig in Büchern oder diversen Presseberichten Artikel bzw. Selbsttests über diese Themen gelesen, dann kennen Sie zumindest bis dato den groben Hintergrund.

Die einhellige Meinung zur Bedeutung von Spaß und Erfüllung bei Tätigkeiten ist, dass alle die Dinge, die einem dies ermöglichen, mit Liebe sowie Hingabe getan werden. Der jeweilige Mensch geht in den Inhalten, die ihm diese Gefühle von Spaß und Erfüllung bringen, auf, er blüht regelrecht auf und er verliert meistens sogar das Gefühl für die Zeit. Es geht noch weiter, denn ich wage zu behaupten, dass sogar jede Anstrengung und Aufwand fast schon bedeutungslos wird, wenn wir uns den geliebten Dingen zuwenden. Es ist mit einer Art berauschendem Zustand zu vergleichen, in dem auch in der Regel nicht finanzielle Aspekte, sondern wirklich das Empfinden von Glück, Erfüllung und Freude die höchste Bedeutung haben.

Je erfüllender für uns selbst eine Sache aus unserer eigenen Sicht ist und wir sie wirklich wollen, desto mehr Antrieb haben wir auch, neue Felder, neue Inhalte zu entdecken. Wir entwickeln uns selbst dadurch immer weiter und weiten die Grenzen unserer Persönlichkeit aus. Man entdeckt, dass es bei diesen geliebten Dingen und Aktivitäten keine Grenzen gibt, außer denen, die man sich selbst steckt. Man ist willig, hungrig und neugierig auf mehr.

Wenn wir über Spaß und Erfüllung sprechen, kommt man unweigerlich auf die Arbeit, den Job zu sprechen, denn hiermit verbringen wir rund die Hälfte unserer Zeit.

Ich bin sicher, dass Sie bereits schon häufiger von Spaß und Erfüllung im Job in Kombination mit guten Arbeitsleistungen gehört oder gelesen haben. Dann wissen Sie auch, wie es in der Realität darum steht, wenn man Menschen nach Spaß und Erfüllung an Ihrer Arbeit fragt. Dieses Ergebnis ist meistens brutal ernüchternd, denn eine sehr hohe Zahl von Menschen würde ihren derzeitigen Job nicht als ihren Traumjob bezeichnen und meistens haben diese beiden Jobs auch gar nichts miteinander zu tun. Um diese These zu untermauern, möchte ich Ihnen ein paar Links zu Ihrer Information mitgeben (siehe folgende Links zur Information: http://www.rp-online.de/wirtschaft/beruf/jeder-zweite-wuerde-fuer-seinen-traumjob-umziehen-1.3556295 und http://www.forum.de/redaktion/monster-umfrage-viele-gehen-nicht-ihrem-traumberuf-nach/).

Ist dies tatsächlich die Realität, dass Menschen jeden Tag etliche Stunden damit verbringen, einer Arbeit nachzugehen und Arbeitsinhalte zu erledigen, die sie nicht mögen? Verbringen diese Menschen unter Umständen sogar Jahre, Jahrzehnte oder gar ein ganzes Arbeitsleben mit Jobinhalten, die sie selbst nicht erfüllen und die ihnen nicht wirklich Spaß machen? An dieser Stelle liegt des Weiteren auch die Frage nahe, welche Dinge widerwillig gemacht werden, die rein subjektiv für unabdingbar gehalten werden oder denen ein scheinbarer Zwang anhängt?

Selbstverständlich kann man jetzt anmerken, dass es doch ganz natürlich ist, wenn der eigene Job im Vergleich krasser Außenseiter gegenüber dem Traumjob oder dem Traumleben ist, welches zum Beispiel voll von Überfluss mit tollen Häusern, Autos, einem perfekten Aussehen ist, womöglich einem Jetsetleben entsprechend ist, in dem man laufend durch die Welt reist, die tollsten Events besucht und natürlich nur hin und wieder in der eigenen oder besser noch den eigenen Firmen vorbeischauen muss.

Aber ich bin fest davon überzeugt, dass dies nur eine sehr oberflächliche Betrachtung ist, die durch den in unserer Zeit auch (medien-)getriebenen Drang zu materiellem Überfluss entstanden ist. Es ist ja fast schon eine Pauschalorientierung, das Standard-Traumleben von der Stange. Ich würde es als eine reine Mainstream-Orientierung betiteln, weil es höchstwahrscheinlich die meisten Nennungen von befragten Menschen ergeben würde.

Ich sehe dies auch in aktuellen Büchern bestätigt.

„[...] das Streben nach Lust, Geld, Macht und Ansehen der Treib-
stoff für unser gegenwärtiges gesellschaftliches System ist." [8]

Diese vier Motive werden im Buch als große Antreiber in der Mensch-
heitsgeschichte erwähnt.

Sie werden im Buch aber als keine Ziele im engeren Sinne gesehen.
Man kann sie genießen, aber sollte im täglichen Tun nicht primär danach streben.

Das entscheidende und Verrückte zugleich im realen Leben ist, dass
sich der jeweilige Mensch oft nicht über seine individuellen und tatsächlichen jeweiligen Ziele, Wünsche und Träume bewusst ist und er
somit auch häufig gar nicht richtig zuordnen kann, welche Aktivitäten
ihm wirklich Spaß sowie Erfüllung bringen und welche Möglichkeiten
oder Orientierung er daraus für seinen eigentlichen Traumjob ableiten
könnte. Es ist doch eher logisch, dass es der Mensch sich doch zu aller-
erst selbst schuldig ist, für sich herauszufinden, was er will, wohin er
sich entwickeln und was er sein oder haben möchte?

Aber dies ist bei sehr vielen Menschen nicht der Fall, da sie sich nicht
mit sich selbst beschäftigen und sich somit nie wirklich selbst bewusst
sein können. Man könnte auch die bewusst provozierende Assoziation
zu fremdgesteuerten, ziellosen Zombies ziehen, die durch die Gegend
wandern, aber eigentlich ohne ihr echtes Leben sind.

An dieser Stelle möchte ich klarmachen, dass ich es in keiner Weise verurteile oder schlecht finde, wenn ein Mensch für sich bewusst
entscheidet, dass ihm die oben bezeichnete Mainstream-Orientierung
Spaß und Erfüllung bringt und er es deshalb unbedingt anstreben
möchte. Daran finde ich sogar sehr gut, dass er eine bewusste Entscheidung getroffen hat, in die er seine Wünsche, Ziele, Bedürfnisse,
Träume und seine Selbstverwirklichung einfließen ließ. Es ist wirklich
gut, wenn man so viel Klarheit über sich selbst hat!

Ein schönes Zitat von einem unbekannten Verfasser ist *„Ehe Du das,*
wonach Du suchst, in der Welt finden kannst, musst Du es erst einmal
in Dir selbst entdecken."

---

[8] Förster, Anja/Kreuz, Peter, (März 2013): Hört auf zu arbeiten. Erste Auflage. Erscheinungsort: Pantheon Verlag, München, in der Verlagsgruppe
Random House GmbH

Ich möchte Sie mit den gemachten Anmerkungen bewusst etwas „kitzeln", damit Sie die Bedeutung und Notwendigkeit erkennen, sich selbst hinterfragen zu wollen, was Ihnen wirklich Spaß und Erfüllung bringt. Ist dies bei Ihnen in dieser Mainstream-Orientierung zu finden oder stecken bei Ihnen andere, weitere Inhalte und Details dahinter, von denen Sie vielleicht auch einige schon zeitnah erfüllen oder erleben können?

Ich bin sicher, dass Sie bei einer selbstkritischen Betrachtung und wahren Einschätzung der Dinge, die Ihnen wirklich Spaß und Erfüllung bringen, sehr viele fantastische weitere Erkenntnisse gewinnen.

Wenn Sie Ihre Einschätzung vornehmen, werden Sie unter Umständen feststellen, dass es nicht nur ein Leben als Superreicher, ein Leben inkl. Überfluss auf allen Kanälen sein muss, sondern dass eventuell die immateriellen Dinge in Ihrem Leben dominieren, welche Ihnen umfassenden Spaß und Erfüllung bringen.

Sie werden in der folgenden praktischen Übung merken, welche freudige Erinnerung und Stimmung in Ihnen entsteht, wenn Sie sich die Dinge und Aktivitäten vor Augen führen, die Sie mit Spaß und Erfüllung verbinden.

Spüren und fühlen Sie die Lebensqualität sowie die Lebensfreude, wenn Sie an den Spaß und dieses Gefühl der Erfüllung bei Ihren geliebten Tätigkeiten, Aufgaben etc. denken!

Den finanziellen Aspekt möchte ich an dieser Stelle nochmals aufgreifen, denn ich bin sicher, dass Sie selbst oder bei Betrachtung anderer Menschen bereits festgestellt haben, dass Menschen, die wissen und wirklich das tun, was ihnen Spaß macht sowie Erfüllung bringt, auch in finanzieller Hinsicht sehr häufig äußerst erfolgreich sind. In diesen Dingen ist man aus meiner Sicht außergewöhnlich engagiert, wissend, ehrgeizig, begeistert, „ansteckend" und damit sind auch nahezu alle Weichen zu wirtschaftlichem Erfolg gestellt.

Es ist ein Privileg, wenn man im Leben sich selbst dazu befähigt oder aber auch befähigt wird, das zu tun, was einem Spaß macht und Erfüllung bringt, denn es gibt so viele Menschen, die ein Leben lang Ihren Träumen, Wünschen und Zielen nur gedanklich nachhängen.

Sie verändern nichts, wenn Sie sich nicht tatsächlich selbst hinterfragen oder so gut kennenlernen wollen, um herauszufinden, was es wirklich ist, das sie wollen.

Zeit mit Inhalten zu verbringen, die einem kein Gefühl von Glück, Spaß, Erfüllung oder Freude bringen, ist nicht erstrebenswert und mit Sicherheit kein Leitbild, dem man folgen sollte. Deshalb ist es wichtig und man ist es sich selbst schuldig, so schnell wie möglich herauszufinden, welche Inhalte es sind, die genau das positive Gegenteil bedeuten.

Wäre es nicht einfach logisch, mehr von den Dingen zu tun, die Spaß machen und Erfüllung bringen? Sollte nicht jeder sofort damit beginnen, nachdem ihm die Inhalte bewusst sind, die Schritte einzuleiten, die ihn den begeisternden Inhalten und Aktivitäten näherbringen? Sei es durch Zuhilfenahme von externen Beratern, Freunden, dem eigenen Chef, durch Überwinden des eigenen „Schweinehundes" oder der eigenen Ängste etc. Zunächst gilt es aber, herauszufinden, welche Dinge und Aktivitäten es genau sind, die Sie mit Spaß und Erfüllung verbinden!

Lassen Sie sich bitte mal die Inhalte dieses Kapitels bis hierhin durch den Kopf gehen und fragen Sie sich selbstkritisch, ob Ihnen vielleicht eine Parallele zu Ihrer heutigen Sicht auf den Status zum Beispiel in Ihrem Job auffällt, was Ihnen wirklich Spaß und Erfüllung bringt und welche Schlüsse Sie daraus ziehen müssen, damit Sie den gewünschten Inhalten wirklich näherkommen.

Beziehen Sie aber auch die anderen Lebensbausteine mit ein, indem Sie sich fragen, was Ihnen Spaß und Erfüllung in der Partnerschaft, in der Familie, im Sport, in Ihrem gesellschaftlichen Umfeld sowie Ihren sonstigen Aktivitäten macht.

Haben Sie keine Angst vor einer offenen und ehrlichen Einschätzung, lassen Sie zunächst Ihren Gefühlen freien Lauf und hören Sie auf Ihre innere Stimme. Lassen Sie sich nicht einengen durch die rein rationale Stimme oder Seite in Ihnen, denn das wird Ihnen den Weg zu einer bewussten Einschätzung nehmen. Sie hören dann unter Umständen zu oft den kleinen Mann im Ohr, der sagt, „Mensch, du spinnst doch, das geht doch gar nicht oder was werden da wohl der Partner bzw. die Freunde sagen etc.?"

Denken Sie daran, in diesem Buch geht es nur um Sie und darum, in den Spiegel sehen zu können und zu sagen: „Ja, ich kenne mich, ich bin mir meiner selbst bewusst!"

Einen Rat möchte ich Ihnen an dieser Stelle mit auf den Weg geben. Es geht darum, dass Sie bei dem Blick auf Ihre Träume, Wünsche und

Ziele, aber auch bei der folgenden Übung bitte daran denken sollen, dass es sehr wichtig ist, nicht nur die eigene Person im Fokus zu sehen.

Ich meine damit ganz konkret, dass Sie sich Ihrer Rolle als Teil der Gesellschaft, als Mitmensch, klar werden sollen. Denken Sie an das Gefühl in Ihnen, wenn Sie für andere Menschen etwas getan, ihnen geholfen, ihnen Freude bereitet oder schlicht Gutes getan haben. Denken Sie an die Momente, wo Sie Leute motivieren, mitreißen, bewegen oder für eine Sache begeistern konnten. Momente, in denen Sie eventuell Applaus und positive Emotionen empfangen konnten. Waren das nicht immer erhebende Momente voller Freude und Stolz für Sie selbst? Haben Sie in diesen Momenten Erfüllung und Zufriedenheit gespürt?

Es ist bewiesen, dass es ein grundlegendes Bedürfnis von Menschen ist, etwas für andere Menschen zu tun, ihnen zu helfen oder sie zu unterstützen.

Ich bin der Meinung, dass das ein Teil unseres Lebens ist und für jeden von uns zwingend zu einem erfüllten Leben dazugehört.

Mir geht es darum, dass Sie sich dies bitte selbst vor Augen führen und auch bei der Ausgestaltung Ihrer Träume, Wünsche und Ziele bewusst berücksichtigen.

Es wird keinen Menschen wirklich glücklich machen und erfüllen, wenn er seine ausschließlich auf sich ausgerichteten Wünsche realisiert.

Die Erfüllung und das Glück werden erst vollkommen sein können, wenn Sie erleben, dass Sie mit den Dingen, die Sie selbst mit Begeisterung tun, bei anderen Menschen für positive, freudige oder begeisterte Reaktionen sorgen und Ihnen dies zurückgespiegelt wird. Das kann ein Lächeln, ein Dankeschön, eine Umarmung, ein Applaus, ein Anruf oder eine sonstige unmittelbare Reaktion sein.

Es ist eine wunderbare Version des Teilens, wenn man durch sein eigenes begeistertes Tun für Begeisterung bei anderen Menschen sorgt, man teilt dadurch besondere Empfindungen.

Führen Sie nun bitte die folgende Übung aus, indem Sie die Dinge und Aktivitäten auflisten, die Ihnen Spaß machen und die Ihnen ein Gefühl von Erfüllung vermitteln. Gehen Sie durch alle Bausteine Ihres Lebens und schreiben Sie alles auf, was Ihnen einfällt. Beziehen Sie auch Ihre Angaben zu Ihren Begabungen und Fähigkeiten mit ein.

Hier wieder ein paar Anregungen und Fragen, aus denen Sie Ihre Aktivitäten und Dinge ableiten können, die Sie unmittelbar in Verbindung mit Spaß und Erfüllung bringen können:

1) Was macht Ihnen einfach Spaß?
2) Was würden Sie beruflich tun, wenn Sie es sich wünschen könnten?
3) Was können Sie gut, worin sind Sie gut, wo fragt man Sie um Rat?
4) Wer würden Sie gerne sein?
5) Was tun Sie regelmäßig, weil es Ihnen Spaß macht?
6) Bei welchen Dingen vergessen Sie die Zeit, Anstrengung und können es kaum wieder erwarten, weiterzumachen?
7) Was würde auf Ihrer „Bucket List" stehen (kennen Sie den Film „Das Beste kommt zum Schluss" mit Jack Nicholson und Morgan Freeman?), sprich, was würden Sie unbedingt in Ihrem Leben tun wollen?
8) Was würde Sie morgens freudig erwachen lassen?
9) Was würde Sie emotional stark berühren?
10) Was würde Ihnen das Gefühl geben, jemand zu sein und voller Stolz in den Spiegel zu schauen?
11) Mit welchen Aktivitäten verbringen Sie gerne Zeit?
12) Wovon wären Sie gerne ein Teil, woran würden Sie gerne teilhaben?
13) Welche Aktivitäten tun Sie einfach sehr gerne und mit großer Hingabe?
14) Was möchten Sie für andere Menschen tun?
15) Wollen Sie einen bedeutsamen Beitrag von Ihnen für Ihr Umfeld oder die Gesellschaft erbringen und wenn ja, wie würde das aussehen?

Auflistung der eigenen Erkenntnisse zu Spaß und Erfüllung

74

Sehr gut! Ich bin sicher, dass Ihnen bereits das Aufschreiben viel Freude gemacht hat.

Bitte hinterfragen Sie sich jetzt an dieser Stelle, ob Sie auch wirklich die Dinge aufgeschrieben haben, die Ihnen Spaß und Erfüllung bringen, oder ob Sie sich von Gedanken wie „Ist das denn machbar?", „Das kann ich doch gar nicht so richtig?", „Schön wäre es, aber ..." ablenken lassen haben und den jeweiligen Gedanken nicht aufgeschrieben haben!

Wenn Sie dies feststellen, möchte ich Sie auffordern, Ihre Liste zu korrigieren und um die weggelassenen Punkte zu ergänzen.

Sie sollen lernen, erst mal auf sich und Ihre Erkenntnis, Ihre innere Stimme zu hören, und nicht umgehend in eine Bewertung oder Einschätzung einer Machbarkeitsstudie eintauchen.

Mein Coach hat mir beigebracht, dass ich mich auf das Warum konzentrieren soll und nicht auf das Wie! Er hat Recht, denn wenn man sich auf das Warum konzentriert, wird man unmittelbar mit seinem selbstdefinierten Bedürfnis und seinem eigenen Antrieb, seiner Motivation konfrontiert (warum möchte ich das tun oder haben, warum ist es mir wichtig, es zu erreichen, was bringt es mir, meinem Leben oder meiner Familie?). Hinter diesem Warum steckt eine große Antriebskraft!

Konzentriert man sich dagegen auf das Wie („Wie soll das nur gehen?", „Wie soll ich das nur machen?", „Wie soll das möglich sein?") kann einem Menschen schnell angst und bange werden und man verwirft sein eigentliches Anliegen mit der selbstverabreichten Placebopille, dass der momentane Stand doch nicht so schlecht ist oder dass man mit etwas anderem auch gut leben kann.

Deshalb kann ich Ihnen den Rat meines Coachs Bodo Schäfer besten Gewissens weiter empfehlen ... konzentrieren Sie sich auf das Warum, auf die Gründe, warum Sie etwas tun, machen oder haben wollen.

Damit kommen wir zu einem weiteren sehr wichtigen Teil des Buches, in dem Sie nun aus Ihren bisherigen Erkenntnissen Ihre Träume, Wünsche und Ziele definieren und bestimmen sollen.

Ich wünsche Ihnen viel Spaß, Begeisterung und Selbstvertrauen dafür!

08. Kapitel
TRÄUME, WÜNSCHE UND ZIELE

In diesem Kapitel möchte ich die Bedeutung und die wunderbare Motivationskraft von Träumen, Wünschen sowie Zielen in Ihren Fokus rücken. Vielleicht ist es sogar für Sie die Erinnerung an etwas Wunderschönes, was Sie viel zu selten tun und für sich nutzen.

Es war mir als Jugendlicher stets eine Freude, mir in den Tagträumen oder vor dem Schlafengehen in den schönsten Farben die Dinge auszumalen, die ich machen, haben oder erleben wollte.

Zu träumen, ohne Limit auf etwas Erwünschtes zuzugehen, es ohne Einschränkungen zu genießen und es zu seinem Erlebnis zu machen, das ist etwas ganz Großes.

Im Kindesalter und als Jugendlicher hatte ich viele Träume, Wünsche und Ziele, die natürlich zum Teil sehr häufig wechselten, denn man lernte auch vieles erst im Laufe der Zeit kennen, Umfeld, Freunde etc. veränderten sich, man selbst unterlag sehr vielen kurzen Zyklen der Veränderung sowie Entwicklung.

Zu träumen und dabei seine Wünsche sowie Ziele zu durchleben war damals sehr einfach, vielleicht war es die Unbeschwertheit oder Leichtigkeit, die einen zu dieser Zeit begleitete, denn die Eltern waren einem selbst als gefühlter großer starker Rückhalt gewiss und man war sich eigentlich sicher, dass schon alles seinen Weg nehmen würde. Irgendwann muss mir diese Leichtigkeit, zu träumen, mal verlorengegangen sein, warum, war mir leider lange nicht klar.

In einem vorherigen Kapitel erwähnte ich bereits, dass ich nicht mehr genau weiß, wann es bei mir begann, dass ich dachte, im Grunde genommen zu wissen, was ich für Ziele und Wünsche habe, aber irgendwann vergessen habe, mich selbst zu fragen, wer ich mittlerweile bin, wie und wo ich mich verändert habe, welche Dinge mir wirklich wichtig sind und mich erfüllen, mir Spaß machen. Ich musste für mich feststellen, dass ich in eine Falle getappt war, eine Falle, die man auch als sich selbst ignorierende Routine, nicht reflektierende Gewohnheit betiteln könnte.

Ich bin „meinen" Zielen und Wünschen gefolgt, Inhalten, für die ich mich entschieden hatte, sei es nun durch erziehungs- und umfeldbedingte Konditionierung (... Beispiele wie „lerne fleißig, suche dir einen guten Job" etc.) oder aufgrund der eigenen Erfahrungen.

Ich habe aber schlichtweg vergessen, mich regelmäßig zu hinterfragen, wer ich eigentlich bin, was ich wirklich sein möchte und ob der eingeschlagene Weg mich überhaupt dahin bringen kann.

Ich hatte festgestellt, dass ich mich erst richtig kennenlernen und dass ich auch wieder träumen musste, was mir heute gut gelingt und Spaß macht. Meine Träume sind Motivation und Antrieb, weil sie mir Bilder von meinen Wünschen liefern und ich den Lohn bei Erreichen meiner definierten Ziele bereits vor meinem geistigen Auge sehen und fühlen kann. Träumen ist einfach schön, motivierend, inspirierend, pure Emotion, es kann das eigene Drehbuch für sich selbst sein! Träumen ist ganz und gar nicht unrealistisch, Sie erinnern sich mit Sicherheit an so manchen Traum, der sich sehr real dargestellt hat!? Träumen ist ein machtvolles Instrument.

Bei der Vorstellung seiner Träume und Ziele ist man in einer nahezu perfekten Welt und man genießt jedes einzelne Element, jeden Augenblick und kostet jede einzelne Sequenz aus.

In seinen eigenen Träumen und bei der Vorstellung von erreichten Zielen lebt man in voller Erfüllung und fühlt sich nahezu unbesiegbar, ja, fast schon über den Dingen schwebend hebt einen das Glücksgefühl, was man bei der Vorstellung der eigenen Trauminhalte und Ziele verspürt. In diesen Momenten spürt man die Glückseligkeit und Zufriedenheit mit sich sowie „seiner" Welt.

Die weitere Empfindung von Genuss und Selbstbestätigung lässt einen sein Leben als toll, vollkommen und voller Erfüllung wahrnehmen.

Nun stelle ich Ihnen also die Frage, wie oft fühlen Sie diese Dinge und wäre es nicht schön, wenn Ihr Geist, Ihre Gedanken stets von solchen Dingen erfüllt sind und Sie sich an diesen Empfindungen erfreuen könnten?

Denken Sie jetzt nicht, „Der Typ malt ja nur Himmelblau und Rosarot!" Tun Sie es bitte nicht als bedeutungslose Fantasie oder gar Hirngespinste ab, denn jeder Traum und jede Vorstellung von einem erreichten Ziel bringt Freude, Motivation, Antrieb, Mut, schenkt uns Wohlbefinden und Selbstvertrauen.

Dabei ist es wichtig, wie exakt Sie den Moment des Träumens gestalten und ausschmücken, stellen Sie sich die Inhalte so vor, dass Sie sie vor Ihrem geistigen Auge sehen und emotional erleben können. Ich tue es heute nahezu täglich und erlebe die Realisierung meiner Ziele emotional unterstützt vor meinem geistigen Auge.

Der Genuss, das Gefühl, die Begeisterung und Freude sind entscheidend. Sie sollten richtig in Feierlaune geraten, weil es so schön ist, wenn Sie sich Ihre Wünsche und erfüllten Ziele vorstellen.

Zudem liegt in jedem Traum oder in der Vorstellung eines erreichten Zieles auch Raum für Interpretation und Deutung, welche Ihnen unter Umständen erst durch den Traum selbst oder die Zielvorstellung die wahre Erkenntnis über Ihr tatsächliches Streben gibt.

Damit meine ich, dass zum Beispiel der Traum, als Rockstar auf einer Bühne zu stehen, nicht immer unweigerlich mit einem Rockstar zu tun haben muss, sondern unter Umständen auch einfach mit dem Wunsch nach Bekanntheit und Bühnenauftritten zu tun haben könnte, was allerdings auch als Redner, Kabarettist, Schauspieler oder Ähnliches darstellbar wäre.

Sie sind es selbst, der den Träumen und Zielen den Detaillierungsgrad sowie die Interpretation bzw. Deutung zuteilen kann. Dies tun Sie, indem Sie sich Ihrer wahren eigenen Träume, Wünsche und Ziele wirklich bewusst werden und sie möglichst klar beschreiben, wie in einer Art Drehbuch inszenieren.

Wenn Sie dies machen, dann verspreche ich Ihnen, werden Sie wirklichen Spaß daran haben, sich so oft wie möglich Ihre Träume und Ziele vor dem geistigen Auge vorzuführen, sie möglichst real erleben zu wollen.

Dies wird Ihnen in allen Situationen Ihres Lebens Freude, Selbstvertrauen, Mut, Erfüllung und Ansporn geben, denn Sie werden es nicht verhindern können, dass sich diesen Vorstellungen Dinge in Ihrem Leben anschließen, die auf diese Inhalte einzahlen werden. Ich kann das aus eigener Erfahrung bestätigen. Ein Beispiel möchte ich Ihnen nicht vorenthalten. Nach dem Tod meines Vaters im Alter von 38 Jahren war es eine schwierige Phase innerhalb der Familie, da meine Mutter mit 35 Jahren und vier Kindern (ich war siebzehn Jahre alt) plötzlich alleine dastand. Ich begann im Laufe der kommenden Jahre, in meinem Kopf die Gedanken zu entwickeln, dass ich ihr das alles, was sie für mich und meine Geschwister getan hat, mal versüßen werde, und dann wird sie das Leben unbeschwert genießen können. Ein Teil davon ist, dass ich wusste, dass sie unbedingt mal ein Cabrio fahren wollte, und dieses Bild hat sich in meinem Kopf fest eingeprägt und ich habe sie in meinen Träumen im Cabrio fahren lassen, habe ihre Freude erlebt und ich habe ihr das Cabrio kaufen können, weil ich es wollte, und aus dieser einzelnen Traumsequenz habe ich Wege in meinem Leben aufgezeigt bekommen, die ich angenommen habe, da ich wusste, dass sie mir die Erfüllung dieses Traumes ermöglichen werden.

Träume, Wünsche und Ziele sind elementar in unserem Leben, wir sollten so viel wie möglich träumen und uns viele Ziele stecken, denn das wird uns wachsen lassen, es wird uns Wege aufzeigen. Ich bin fest davon überzeugt, dass es uns der Realisierung unserer Träume, Wünsche und Ziele näherbringen wird.

Als Kind erschien uns vieles weit weg, aber es war spannend, sich alles Mögliche vorzustellen, sei es zum Beispiel die Karriere als Feuerwehrmann, Prinzessin, wenn wir uns an ganz frühe Zeiten zurückerinnern, oder später die Karriere als Firmenchef, Schauspieler, Rockstar, Chirurg, Pilot etc. Fakt ist, dass wir genau diese Karrieren bei Menschen in der Realität vorfinden, wenn sie auch sehr unterschiedlich in Bezug auf Anzahl und Ausprägung sind, aber, und das ist entscheidend, sie sind real!

Ich bin heute absolut überzeugt, dass es sehr wichtig ist, sich bewusst zu machen, dass es falsch ist, sich von Beginn an zu limitieren, was die eigenen Wünsche, Ziele und Träume betrifft, denn wenn Sie in die Realität schauen, finden Sie alle Ausprägungen von Karrieren, finanziellen Verhältnissen, familiären Verhältnissen etc. Es gibt für alle Themen nachvollziehbare, tatsächlich existierende Beispiele!

Der entscheidende Ausgangspunkt ist allerdings, dass Sie sich tatsächlich über Ihre wirklichen Träume, Wünsche und Ziele bewusst werden, dass Sie sich selbst mit ihnen auseinandersetzen, sich wirklich fragen, was sind die Inhalte, die mich ein Leben nach meinen Vorstellungen leben lassen werden.

Dies ist das Hauptanliegen dieses Buches, dass Sie sich selbst wirklich kennenlernen.

Wenn Sie Ihre Träume, Wünsche und Ziele erkannt haben und sie schriftlich fixiert haben, wobei die Art und Ausprägung der Inhalte sekundär ist, werden Sie feststellen, dass aktives Träumen, die möglichst reale Vorstellung sowie das Erleben der Inhalte in Kombination mit dem tatsächlichen Handeln der wohl mächtigste Turbo-Booster zur Erreichung Ihrer Ziele und Wünsche ist.

Ich stelle Ihnen an dieser Stelle ein schönes Zitat aus einem sehr interessanten Buch vor.

„Unsere Freiheit beginnt damit, dass wir die Ziele und Ideale in unserem Leben kennen und verstehen, was für uns wirklich zählt und welche Werte unser Handeln leiten. Denn wer gemäß seiner Ziele und Ideale lebt und handelt, der führt mit großer Wahrscheinlichkeit ein erfülltes Leben." [9]

Ich wiederhole an dieser Stelle bewusst, dass die Erfüllung von Träumen und Wünschen nur in Kombination mit eigenem aktivem Handeln funktionieren wird! Nur Träumen wird Sie nicht an Ihre Ziele bringen.

Träume und den eigenen Wunschfilm über sein Leben bereits vor dem geistigen Auge zu sehen, kann Ihr elementarer Ansporn zum aktiven Handeln sein!

Es gibt auf dieser Welt keinen besseren Motivator als die Dinge, die Sie wirklich wollen!

Beginnen Sie nun, Ihre Träume, Wünsche und Ziele aufzuschreiben. Schreiben Sie zunächst komplett alles auf, was Ihnen einfällt, und fragen Sie sich erst dann, ob wirklich alles zu einem Leben nach Ihren Vorstellungen gehört.

---

[9] Förster, Anja/Kreuz, Peter, (März 2013): Hört auf zu arbeiten. Erste Auflage. Erscheinungsort: Pantheon Verlag, München, in der Verlagsgruppe Random House GmbH

Auflistung der eigenen Träume, Wünsche und Ziele:

Glückwunsch, Sie haben nun alle Ihre momentanen Träume, Wünsche und Ziele aufgelistet! Sie haben eine konkrete Liste und das ist mehr, als viele andere Menschen haben, die auf die Frage danach nur sehr oberflächlich oder gar keine Antwort wissen.

Allerdings müssen Sie nun noch mal in sich gehen und sich selbst sehr ehrlich fragen, ob es wirklich genau die Inhalte sind, die Sie in Ihrem Leben haben möchten, ja, sogar haben müssen, um wirklich richtig glücklich, zufrieden und erfüllt zu sein. Ich kann hier nur kritisch anmerken, dass es eine Balance zwischen den verschiedenen Lebensbausteinen geben muss. Da bei sehr vielen Menschen das Thema Geld ganz oben auf der Liste vertreten sein wird, möchte ich hier mahnend den Finger heben, dass Geld im Überfluss zu haben kein erstrebenswertes Ziel sein und Ihnen auch nicht die Erfüllung bringen wird, wenn Ihre Familie dabei völlig auf der Strecke bleibt und Sie nur noch ein Workaholic sind.

Ihre wirklichen finalen Träume, Wünsche und Ziele müssen eine schöne harmonische Melodie ergeben, die alle Lebensbausteine wie Familie, Gesundheit, Beziehungen, Beruf, eigene Persönlichkeit, Geld, Zukunft miteinander verschmelzen lässt.

Erst dann werden Sie das glückliche Gefühl, das Gefühl von Erfüllung verspüren und deshalb ist es wichtig, noch mal zu reflektieren, welche Inhalte man verwirklichen will. Nicht auch zuletzt deshalb, weil Sie sich von dem Moment der Festlegung an selbst vor Augen halten müssen, dass dies der riesige Schatz ist, der auf Sie wartet, wenn Sie sich darauf konzentrieren und selbst disziplinieren, alles Mögliche zu tun, damit Sie ihn in den Händen halten können! Das wäre doch fantastisch, wenn Sie später auf diese Unterlagen schauen und feststellen, dass Sie Ihre finalen Inhalte wirklich realisiert haben und erleben, oder?

Gehen Sie nun bitte Ihre Auflistung erneut durch und schreiben Sie die wirklichen finalen Inhalte auf. Priorisieren Sie Ihre erste lose Sammlung aus Träumen, Wünschen und Zielen, legen Sie Ihr persönliches Wohlempfinden, Ihre echten Bedürfnisse mit in die Waagschale und filtern Sie dann die Dinge heraus, die Sie unbedingt haben möchten.

Das ist dann Ihre große Motivationsliste, die Ihren Schatz zeigt, den es für Sie konsequent zu verfolgen und letztendlich Stück für Stück zu heben gilt! Denn dann und wirklich erst dann haben Sie das erreicht, was Sie für Ihr perfektes Leben haben wollen.

84

Diese Auflistung sollte unbedingt beinhalten, was Sie unbedingt (!) haben, tun und/oder sein wollen! Es ist somit eine Art Prioritätenliste aus der oberen Auflistung, legen Sie also nun Ihre 5-Sterne-unverzichtbar-Inhalte fest. Scheuen Sie sich bitte nicht vor großen Zielen, echten Herausforderungen, schreiben Sie auf, was Sie haben, tun und/oder sein möchten, um ein Leben nach Ihren Vorstellungen leben zu können! Führen Sie sich bitte vor Augen, wie fantastisch das ist, ein Leben nach seinen eigenen Vorstellungen zu leben!

Jetzt kann ich Ihnen nochmals und noch herzlicher gratulieren, denn eine solche Motivationsliste zu erstellen ist eine fantastische Leistung, ein wirklicher Erfolg, auf den Sie stolz sein können!

Ich kann mir jetzt Ihr Gesicht sehr gut vorstellen, ja, Sie müssen wirklich stolz auf Ihre Liste und das, was Sie erarbeitet haben, sein. Ich kann aber auch die Stimme in Ihrem Kopf hören, die nun sagen wird, „Wie ist das denn zu schaffen? Wie willst du das denn schaffen?"

Liege ich damit richtig, hören Sie diese Stimme?

Zwei Dinge möchte ich dazu loswerden:
1) Ich halte das für völlig normal, es ist vielleicht das erste Mal in Ihrem Leben, dass Sie eine solche konkrete Liste vor sich haben, und dann stehen dort auch noch große Ziele, große Herausforderungen darauf.
2) Konzentrieren Sie sich umgehend darauf, diese eher negativ-kritische oder zweifelnde Stimme zu ersticken, stumm zu schalten. Machen Sie sich stattdessen klar, dass Sie höchstpersönlich diese Inhalte ausgewählt haben, weil sie für Sie ganz persönlich zu Ihrem Leben dazugehören müssen, um von dem Leben sprechen zu können, welches Sie am liebsten leben würden!

Welche Möglichkeiten gibt es nun, diese Liste, diesen unter Umständen übergroßen Berg, in den Griff zu kriegen bzw. besteigen zu können? Gibt es einen Anfang und wo ist er, wie kann ich die ersten Schritte in meine angestrebte Richtung, zum Gipfel, machen?

Ich möchte Ihnen die Möglichkeit zur Gipfelbesteigung anhand eines Instrumentes, was mir selbst sehr bei der Erreichung von Träumen, Wünschen und Zielen geholfen hat, vorstellen.

Es handelt sich um die Methodik, seine eigenen Ziele in möglichst kleine Einheiten oder Einzelschritte aufzuteilen, sodass daraus einzelne „Portionen" entstehen.

Das Ziel ist ganz schlicht und einfach, dass es die Inhalte aus Ihrer finalen Traum-Wunsch-Ziel-Liste in absolut realistisch nachzuvollziehende, erreichbare Abschnitte aufteilt.

Dieses Instrument, ich nenne es „Die Wegbeschreibung zum Gipfel", zeigt Ihnen konkret das Wie auf. Wie Sie zu Ihren Träumen, Wünschen und Zielen gelangen, und das Entscheidende dabei ist, dass Sie die Schritte selbst planen können, ja, sogar müssen.

Ich würde es als die perfekte Bergsteigerausrüstung bezeichnen, aber klettern müssen Sie zum Gipfel, denn sonst würde ja ein anderer als Sie selbst dort ankommen (und getragen wird nicht, denn auch dann hätten Sie selbst nichts dafür getan).

Es gibt Unmengen von Literatur, die Ihnen nur vermitteln, welche Basis bzw. Voraussetzungen Sie benötigen, um zu einem Ziel zu kommen, aber wie das konkret gehen soll, werden Sie sehr oft nie erfahren. Dieses Instrument, die Wegbeschreibung zum Gipfel, ist eine konkrete Arbeitsliste und Anleitung zu Ihren Träumen, Wünschen und Zielen.

Sie werden sicher bei dem ein oder anderen Inhalt Ihrer Liste geschluckt haben, weil er Ihnen wie ein riesiger zu besteigender Berg erschien, wo man gar nicht weiß, wie und wo man anfangen soll.

Genau dort setzt aber diese Logik an, denn Sie werden staunen, in wie viele Einzelschritte ein jeweiliges, gerne auch sehr großes Ziel aufzuteilen ist.

Der entscheidende Vorteil ist, dass Sie schnell Erfolge auf dem Weg zu Ihren jeweiligen Traum-/Wunsch- und Zielinhalten feststellen werden, denn die kleinen konkret benannten Abschnitte sind natürlich Stück für Stück viel leichter zu erreichen.

Es springt ja auch niemand vom Fuße des Mount Everest direkt auf den Gipfel?

Man muss diese Besteigung sorgfältig planen, man muss professionelle Begleitung haben, man muss selbst offen sein und lernen wollen. Die Abschnitte der Besteigung sind sorgfältig zu wählen und zu koordinieren, man muss innehalten, die Route prüfen, ggf. Anpassungen vornehmen, ohne dass das Ziel wie zum Beispiel die Gipfelbesteigung an Bedeutung verliert. Man arbeitet sich Abschnitt für Abschnitt vor, mal braucht man weniger und mal mehr Hilfe, aber das Ziel kommt mit jedem Abschnitt näher. Aber dann kommt er, dieser magische Moment nach vielen Strapazen, Anstrengungen, Herausforderungen, ja, unter Umständen sogar Momenten des Zweifelns und des drohenden Scheiterns, die man aber hinter sich gelassen hat, weil man das Ziel so sehr wollte und weil es Teil der eigenen Lebensvorstellung geworden ist.

Der magische Moment ist dann am Ende der geplanten Etappen vor Ihnen, die Gipfelbesteigung erreicht und der Moment der Erfüllung durchströmt jede einzelne Faser des eigenen, Ihres Körpers!

Dieser Vergleich mit der Besteigung des Mount Everest und dem Weg dorthin ist von mir bewusst gewählt, da es die Arbeit mit der Aufteilung der Inhalte aus Ihrer Traum-Wunsch-Ziel-Liste sehr gut beschreibt und die Effekte durch das abschnittsweise Vorgehen sehr deutlich abbildet.

Ich empfehle Ihnen an dieser Stelle deshalb auch wärmstens das Buch „Die Liste" von Alexander Falkner, ich habe es selbst gelesen und angewendet. Durch ihn habe ich diese Methode kennengelernt. Seine detailliert dargestellte Vorgehensweise ist fantastisch, aber sie fordert, aktiv zu handeln und natürlich Ihre ganz persönliche eigene Disziplin.

An dieser Stelle muss ich wirklich nochmals ganz vehement darauf hinweisen: Um seine Träume, Wünsche und Ziele in Erfüllung gehen zu lassen, muss man handeln, es ist Aktivität, Konzentration und Fokussierung auf die Ziele gefragt! Deshalb überlegen Sie sich bitte ganz genau, was für Ihr perfektes Leben wirklich dazugehören muss und welche Etappen dies erfordert. Die Anstrengungen und Mühen einer solchen Bergbesteigung auf sich zu nehmen und dann auf halber Strecke festzustellen, dass es doch gar nicht der richtige Berg ist, das halte ich für unnötig vertane Zeit. Investieren Sie daher wirklich so viel Zeit in die Inhalte Ihrer Traum-Wunsch-Ziel-Liste, dass Sie gewiss sind, genau diesen Berg zu besteigen. Wie bereits erwähnt, es ist völlig korrekt, innerhalb der Etappen Anpassungen oder Änderungen vorzunehmen, da man bessere Routen zum Gipfel entdeckt oder eine Pause einlegt, weil man bemerkt, dass der eigene Körper, die Begleitung dies fordert.

Aber der Berg muss wirklich Ihr Berg sein.

Wenn Sie an dieser Stelle für sich bewusst entscheiden, dass Ihnen diese Darstellung, diese Analogie zur Bergbesteigung zu viel oder zu hoch erscheint, dann lassen Sie mich anmerken, dass ich dieses Beispiel gewählt habe, um es möglichst deutlich zu veranschaulichen.

Dieses Vorgehen lohnt sich in jedem Fall, selbst wenn es aus Ihrer Sicht nicht den Umfang wie die Besteigung des Mount Everest beinhaltet. Ich bin aber absolut sicher, dass das beschriebene Gefühl bei dem Erreichen von nahezu unendlich vielen anderen Zielen das gleiche sein wird, denn es wird immer ein Gefühl von Erfüllung und Stolz in Ihnen entstehen, weil eben Sie selbst Ihr festgelegtes Ziel erreicht haben.

Nehmen Sie als Beispiel dazu Menschen, die ganz behutsam mit dem Jogging anfangen wollen und vielleicht vorher noch nie joggen waren. Es wäre töricht und dumm, wenn sie versuchen würden, eine ganze Stunde lang durchzulaufen. Erfahrene Läufer, selbst Marathonläufer, würden diesen Menschen einen Plan geben, der beinhaltet, dass sie am Anfang eine Minute langsam laufen, dann eine Minute gehen und dies zehnmal wiederholen. Die Intervalle steigern sie dann stetig und nach ein paar Wochen können die Neu-Jogger bereits 20 – 30 Minuten am Stück durchlaufen. Wenn nun ein Mensch in seiner Wegbeschreibung zum Gipfel als erste Zwischenetappe die Phase zehnmal eine Minute laufen und eine Minute gehen festlegt und sie erreicht, so ist das ein Erfolg! Dieser Erfolg zählt uneingeschränkt als Erfolg. Es spielt keine Rolle und es wäre falsch von Ihnen, in diesem Beispiel einen Vergleich anzuführen, was sind schon zehnmal eine Minute, andere laufen zwei Stunden am Stück.

Merken Sie sich bitte: Sie können als Gipfel jede Zeit festlegen und wenn es 5 Stunden konstantes Joggen ist, aber lassen Sie Vergleiche und verbuchen Sie jede geschaffte Etappe als Erfolg, denn Sie haben Sie Ihnen als Etappe auferlegt, Sie haben Aktivität, Willen und Disziplin gezeigt, deshalb haben Sie die Etappe geschafft und darauf müssen Sie einfach stolz sein!

Ich möchte Sie nun zum ersten Entwurf Ihrer persönlichen Wegbeschreibung zum Gipfel einladen und vorab noch ein paar Tipps zur Erstellung mit Ihnen teilen, wie ich sie auch von Herrn Alexander Falkner vermittelt bekommen habe. Sein Buch „Die Liste" kann ich Ihnen ebenfalls nur wärmstens empfehlen, es ist immer noch ein wichtiger Baustein für mich und meine Wegbeschreibung zu meinen Träumen, Zielen sowie Wünschen.

Im Folgenden möchte ich die Erkenntnisse sowie die Methodik aus diesem Werk mit Ihnen teilen.

Berücksichtigen Sie bei der Aufteilung in die einzelnen Etappen/Abschnitte inklusive der Zeitleisten bitte folgende grundlegende Dinge:

1) Schreiben Sie in der Gegenwart und lassen Sie sich auf das Gefühl ein, dass das jeweilige Ziel bzw. der Wunsch schon erreicht ist. So verstärken sich die Konzentration und die Bedeutung des jeweiligen Zieles/Wunsches.
2) Schreiben Sie Ihre Hauptziele als sogenannte Primärziele, die übergeordneten Ziele auf eine separate Liste, die Sie z. B. meine Traum-Wunsch-Zielliste nennen. Natürlich können Sie auch einen eigenen Namen verwenden, der Sie besonders mit der Liste verbindet. Hier sind alle Träume, Wünsche und Ziele enthalten, die Ihr angestrebtes Leben bedeuten würden.
3) Danach nehmen Sie auf die zweite Liste die Wegbeschreibung zum Gipfel, einzelne Ziele, die Sie ganz oder bis zu einem gewissen definierten Grad innerhalb von 12 Monaten erreichen möchten.
4) Folglich beginnen Sie, diese Ziele in kleinstmögliche „Portionen" aufzuteilen, damit Sie im tagtäglichen Abgleich den Fortschritt auf Ihr übergeordnetes 12-Monatsziel und somit auch auf Ihr Hauptziel erkennen können.
5) Konzentrieren Sie sich bei der Erstellung Ihrer Traum-Wunsch-Zielliste auf die Inhalte, die Sie machen wollen. Vermeiden Sie Verneinungen in Ihrer Liste, wie zum Beispiel „Ich möchte nicht mehr rauchen!". Schreiben Sie lieber, „Ich möchte gesünder leben", und daraus ergibt sich zum Beispiel die Portionierung bzw. der Abschnitt „Ich rauche nur x statt y Zigaretten am Tag".
6) Portionieren Sie die einzelnen Schritte/Abschnitte tatsächlich so klein, dass Sie jeden Tag mit der Wegbeschreibung zum Gipfel arbeiten können und jeden Tag Inhalte als erledigt bzw. erfüllt benennen können. Das motiviert ungemein und macht die Zielerreichung greifbarer.

Hier zwei Beispiele zur Erstellung der magischen Planungsliste:

1. Hauptziel aus der Traum-Wunsch-Zielliste
- **Gesund zu leben**

Jahresziel als Teil der Wegbeschreibung zum Gipfel
- **Gesündere Ernährung**

Abschnitte bzw. Portionierung:
1) Jeden zweiten Tag 250 g Obst essen (= 1 Apfel und 1 Banane)
2) Einmal pro Woche frischen Fisch essen
3) Zweimal pro Woche frisches Gemüse essen
4) Täglich ein Glas Milch trinken
5) Nur einmal pro Woche Chips essen
6) Jeden Tag 350 g Rohkost (Paprika, Karotten, Salat etc.) essen

2. Hauptziel aus der Traum-Wunsch-Zielliste
- **Bau des Traumhauses**

Jahresziel als Teil der magischen Planungsliste
- **Planung bzw. Erstellung eines Modells des Traumhauses**

Abschnitte bzw. Portionierung:
1) Bilder von Häusern sammeln
2) Favoriten festlegen oder eigene Gedanken mit einfließen lassen
3) Grundriss und Grundstücksgröße festlegen
4) Eigene Zeichnung/Skizze des Hauses von außen anfertigen
5) Skizzierung der Aufteilung/der Etagen
6) Skizzierung der Räume
7) Bilder und Fotos zur Illustration von Fassaden und Inneneinrichtungen sammeln
8) Architekten zwecks Planung suchen und Preise erfragen
9) Budget prüfen
10) Modellbauer suchen und Preise erfragen
11) Budget prüfen
12) Planung und Modell ausführen lassen
13) Plan des Traumhauses aufhängen
14) Modell des Traumhauses im Arbeitszimmer aufstellen

Aufsplittung der einzelnen Träume, Wünsche und Ziele in einzelne Teilabschnitte/Erstellung der Wegbeschreibung zum Gipfel für alle Inhalte der Hauptliste:

Sie haben es geschafft! Wie fühlen sich jetzt nun Ihre großen Ziele an, die Sie in kleinste Einheiten zerlegt haben? Sie sind nun nicht mehr so groß und schwer zu greifen wie vorher, nicht wahr? Dies ist doch ein tolles Gefühl, wenn man sieht, dass man tatsächlich mit kleinen Schritten nahezu jeden Tag seinen selbst definierten Zielen, die man ja vorab im Buch als die wirklich wichtigen Ziele festgelegt hat, spürbar näherkommen kann! ... Wenn man handelt!

Die Traum-Wunsch-Zielliste und die Wegbeschreibung zum Gipfel werden Ihnen eine sehr unterstützende, ja, magische Kraft sein. Sie werden sich an sie erinnern, Sie werden durch sie gefordert, aber sie werden Ihnen auch Freiheit, Orientierung und organisatorische Unterstützung schenken. Sie wird zudem Ihr persönlicher Motivator sein, denn jeder Tag, an dem Sie die kleinen „Portionen" bearbeiten und als erledigt abhaken können, wird sich wie ein Erfolg anfühlen, etwas gemacht und etwas erreicht zu haben!

Diese beiden Listen werden Ihr Trainer sein, der Sie natürlich nicht immer nur lobt und streichelt. Diese Listen erlebe ich selbst als einen virtuellen knallharten Trainer. Dieser virtuelle Trainer wird Sie laufend fordern, aber er arbeitet mit Ihnen und für Sie. Er arbeitet für Ihre selbst definierten Ziele, die Ihr Leben zu einem Leben nach Ihren Vorstellungen gestalten sollen. Denken Sie daran, dass Sie es sich selbst in erster Linie schuldig sind. Ihr Trainer ist nicht verantwortlich, das Trainingsprogramm haben Sie festgelegt, er fordert nur ein und zeigt Ihnen den Weg zum Ziel, wenn Sie sich an das Programm halten.

09. Kapitel
EIGENE ÜBERZEUGUNG

Sie haben nun bereits einige der Übungen und Aufgaben bearbeitet. Nutzen Sie dieses Kapitel ganz bewusst, um innezuhalten und die bisherigen Inhalte noch mal auf Sie wirken zu lassen. Ich meine damit ganz konkret, dass Sie zu den erledigten Übungen zurückgehen und auf Ihre Notizen schauen. Nehmen Sie sich bitte mindestens eine Stunde Zeit und lesen Sie sich zuerst die jeweilige Aufgabenstellung durch und dann Ihre Notizen. Sie können auf den folgenden Seiten die Dinge notieren, zu denen Sie während des Rückblicks noch Fragen haben oder zu denen Sie unter Umständen mittlerweile schon eine andere Meinung bekommen haben, da sich Ihnen neue Sichtweisen erschlossen haben.

Dieses Kapitel soll Sie dazu bringen, dass Sie sich vor den nächsten Übungen unbedingt die Validität Ihrer bisher getätigten Meinungen und Einschätzungen vor Augen führen. Dies ist von großer Bedeutung, damit Sie die weiteren Übungen nicht von einer falschen Ausgangslage aus angehen.

Können Sie rückblickend Inhalte entdecken, die eigentlich nicht den Tatsachen und/oder der Realität entsprechen? Finden Sie Inhalte, die Sie doch nicht mehr so sehen? Haben Sie vorschnell Meinungen eingenommen, die Sie nun nicht mehr vertreten können oder möchten?

Machen Sie sich neben diesen Beispielen von Fragestellungen aber auch noch mal bewusst, ob das wirklich alles ist oder ob Sie doch etwas, bewusst oder unbewusst, ausblenden? Der Blick in die Vergangenheit im Rahmen der Übung zur Konditionierung ist für viele Menschen sehr schwierig und meistens kommt erst mit ein wenig Abstand zu der Übung die vollständige Erkenntnis sowie Bereitschaft zur Offenheit zur Entfaltung, was natürlich auch Auswirkungen auf die Folgeübungen hat. Dieser scheinbare Umweg lohnt sich allerdings in jedem Fall, denn er bringt Sie auf den richtigen Weg, sich selbst wirklich zu kennen, und darum geht es schließlich in diesem Buch. Scheuen Sie sich also bitte nicht und betrachten Sie es auch nicht als lästig, denn es ist wichtig. Machen Sie sich klar, dass Sie das nicht für mich und für niemand anderen außer sich selbst tun.

Daran müssen Sie immer denken, Sie stehen hier im Mittelpunkt!

Deshalb gehen Sie bitte sehr genau in die Betrachtung, was Sie beeinflusst und konditioniert hat. Was schätzen Sie als negativ oder positiv ein?

Gibt es Dinge in Ihrem Leben, die Sie immer noch bedrücken, Sie sich aber bis dato nicht getraut haben, sich damit auseinanderzusetzen oder sich nicht damit beschäftigen wollten?

Sind Sie wirklich offen, ehrlich und konstruktiv kritisch mit sich selbst gewesen?

Notieren Sie aber gerne auch die Inhalte, die Sie bis zu diesem Punkt im Buch schon als positive Veränderung bemerkt haben, weil Sie bereits Erkenntnisse gewonnen haben und diese im gesamten Kontext besser bzw. richtig einordnen können.

Starten Sie nun bitte mit der Überprüfung der bereits erledigten Aufgabeninhalte.

Ich wünsche Ihnen viel Spaß und Erkenntnis.

Im folgenden Kapitel gebe ich Ihnen grundsätzliche Werkzeuge und Einstellungen bezüglich des Weges, sich selbst bewusst zu werden, an die Hand und ich weise Sie nochmals auf elementare zu beachtende Dinge für die Arbeit mit der eigenen Person hin. Denn es liegt mir natürlich sehr am Herzen, dass Sie die Arbeit mit dem Buch als Erfolg für Sie verbuchen werden und mit diesen Inhalten bestens vertraut sind. Es muss Ihnen klar sein, dass es ein laufender Prozess im Leben sein wird, der niemals aufhört, weil Sie sich ja auch laufend verändern werden, insbesondere wenn Sie am Ende des Buches ein Ja auf die Titelfrage nennen können und genau wissen, an welchen Zielen Sie folglich arbeiten wollen und werden. Den Aufwand ist es in jedem Fall wert, denn wer möchte nicht gerne in der Lage sein und sich selbst dazu befähigen, der Gestalter seines Lebens sein zu können?

10. Kapitel
MITTEL UND WEGE ZU SELBSTBEWUSST-SEIN, SELBSTERKENNTNIS SOWIE SELBST-VERWIRKLICHUNG

Ich beginne dieses Kapitel mit zwei Zitaten, um ein gleiches Verständnis bezüglich der Begrifflichkeit und der Bedeutung zu erreichen, bevor wir uns diesem Thema weiter widmen.

„Selbsterkenntnis ist die Erkenntnis einer Person über das eigene Selbst. Selbsterkenntnis ist eng verwandt mit Selbstreflexion, dem Nachdenken über sich selbst, und der Selbstkritik, dem kritischen Hinterfragen und Beurteilen des eigenen Denkens, der eigenen Standpunkte und Handlungen." [10]

„Die Fähigkeit zur Selbsterkenntnis setzt die Existenz von Selbstbewusstsein voraus, welches man als ‚reflexives, besonnenes Bewusstsein des eigenen Ich' definieren kann. Selbsterkenntnis setzt aber auch eine gewisse Objektivität der Selbstbeobachtung und des Selbstbildes voraus, das heißt die richtige Beurteilung der Eigenschaften, Dispositionen, Kräfte, Werte des Selbst, geschöpft aus der Vergleichung der Bestätigungen und Reaktionen des Ich im Leben, in der sozialen Gemeinschaft." [11]

---

[10] Brockhaus, F. A.: Der große Brockhaus. Kompaktausgabe in 26 Bänden, F. A. Brockhaus, Wiesbaden, 18. Auflage 1983, Band 20, Seite 48, Stichwort Selbstkritik

[11] beide Zitate: Rudolf Eisler: Wörterbuch der philosophischen Begriffe, 1904, Art. Selbsterkenntnis http://www.textlog.de/5078.html

Ziel dieses Buches ist, dass Sie sich selbst besser kennenlernen und die Frage „Kennst Du Dich?" mit einem klaren Ja beantworten können. Halten Sie sich vor Augen, Selbsterkenntnis setzt die Existenz von Selbstbewusstsein voraus. Dieses Buch wird Ihnen helfen, sich selbst bewusst zu sein.

Da dies nicht einfach ist und einem, wie bereits erwähnt, nicht über Nacht in den Schoß fällt, möchte ich Ihnen in diesem Kapitel einige wichtige Werkzeuge aber auch Einstellungen an die Hand geben, die Sie dabei unterstützen können, sich Ihrer bewusst zu werden und in der Zukunft zu bleiben.

Selbstbewusstsein und Selbsterkenntnis sind keine Einmalfeststellungen, die sich statisch durch das eigene Leben ziehen. Es bedarf ihrer laufenden Reflexion in bestimmten Abständen, zum Beispiel nach einschneidenden oder größeren Veränderungen in Ihrem Leben, um sich Ihrer selbst bewusst zu sein und die entsprechenden Erkenntnisse daraus zu ziehen, damit Sie als Designer Ihres Lebens stets in der Lage sind, auf veränderte Bedingungen, Situationen, Wünsche und Ziele eigeninitiativ, eigenverantwortlich eingehen zu können.

Grundsätzlich müssen Sie dabei die Bereitschaft zur Veränderung mitbringen, denn wenn Sie mehr als zufrieden mit sich sind, brauchen Sie ja keine Veränderung.

Sich selbst besser kennenlernen zu wollen und damit vielleicht auf Dinge zu stoßen, die nicht zu dem passen, was man wirklich will bzw. anstrebt, setzt einfach voraus, dass man bereit sein muss, sich oder Dinge in seinem Leben zu verändern, damit man seine Wünsche und Ziele in realistischer Reichweite sieht und sie final auch freudig „in die Arme nehmen kann".

Bei der Selbstreflexion, dem Nachdenken, Überlegen über die und hinsichtlich der eigenen Person ist es von essentieller Bedeutung, dass Sie ehrlich zu sich selbst sind, da Sie sich ansonsten selbst betrügen und das Ziel dieses Buches verfehlen werden. Sie werden sich unter Umständen sonst sogar gar nicht oder in die falsche Richtung entwickeln, weil Sie von einer falschen Ausgangslage ausgehen und sich an Dingen orientieren, die nicht der Realität entsprechen. Es mag am Anfang hart sein, sich die Realität vor Augen zu führen, aber es ist ein Zeichen von innerer Größe und Charakterstärke, wenn man diese Herausforderung annimmt und sich selbst den Spiegel vorhält.

Hierbei ist es wichtig, nicht zu selbstkritisch oder sogar destruktiv zu sein und sich unnötig klein zu machen, es geht um eine möglichst objektive Selbsteinschätzung mithilfe verschiedener Instrumente, die Sie am Ende des Kapitels vorfinden werden.

Selbstreflexion ist ein komplexes Thema, da man alle Bausteine seines Lebens mit einbeziehen muss, um ein möglichst vollständiges Bild über sich zu bekommen. Es muss aber das vollständige Bild sein, da die unterschiedlichen Lebensbausteine direkten Einfluss aufeinander haben. Da hilft es zum Beispiel nicht, wenn Sie erkennen, dass Sie einfach mehr Zeit und Anstrengung in den Job investieren müssen, da Sie in der Reflexion für sich entscheiden, dass Sie noch zu wenig Engagement gezeigt haben und deshalb die Wunschposition nicht erhalten haben, wenn gleichzeitig dieses erhöhte Engagement bedeutet, dass Sie Ihren Partner oder Ihre Familie nur so selten sehen beziehungsweise Freizeit mit ihnen teilen, dass es dort zu negativen Schwingungen führt und eher belastende Effekte verursacht.

Die Selbstreflexion muss für alle Lebensbausteine beinhalten, was ich eigentlich in den einzelnen Bereichen will und was ich für ein Mensch bin, welche Einstellung, welche Charaktereigenschaften, Glaubenssätze, Meinungen, Eindrücke, Werte ich habe und ob diese im Einklang mit meinen Wünschen und Zielen stehen.

Man muss auch vor den Spiegel treten und sich dort in die Augen sehen können, man muss sagen, das bin ich und es ist ganz bewusst entschieden und gewählt, was ich will oder sein möchte.

Es ist schwer, das durchzuziehen und sich zu entscheiden, aber glauben Sie mir, es ist dabei völlig egal, wie andere Menschen das sehen. Sie sind es sich selbst schuldig, da es Ihr Leben ist, Ihr Leben muss zuallererst Ihnen gefallen und nicht in Abhängigkeit auf anderen Meinungen fundiert sein. Es ist Ihr Leben, in dem Sie für sich die Entscheidungen treffen müssen. Es gibt immer viele, die eine Meinung dazu haben, aber da ist es ähnlich wie im Fußball, wo in einem Stadion gleich mehrere tausend Trainer sind, die für sich in Anspruch nehmen, den besseren Blick als alle Protagonisten auf dem Feld zusammen zu haben.

Wenn Sie ein Leben führen, das Ihren Vorstellungen und Wünschen entspricht, profitiert unweigerlich Ihr Umfeld, denn Ihr Partner, Ihre Kinder, Geschäftspartner und Freunde erleben einen zufriedenen, glücklichen und erfüllten Menschen.

Selbstreflexion bedeutet, sich mit sich selbst auseinandersetzen zu müssen, das tun nicht viele Menschen wirklich umfassend und ganzheitlich, weil zum einen vielen Menschen der Sinn und Nutzen nicht klar ist, zum anderen – wer setzt sich schon mit kritischen Dingen auseinander, denn eigentlich ist man doch ganz okay und dass ein paar Menschen einen nicht mögen, der Chef mich wegen dem „Nasenfaktor" nicht befördert, das ist halt das Leben, mit dem man klarkommen muss, oder?

Um aus der Selbstreflexion richtigen Nutzen und die Evolution der eigenen Persönlichkeit ziehen zu können, muss sie regelmäßig und durchaus auch unter Einbezug befähigter und vertrauenswürdiger Menschen stattfinden.

In diesem Teil des Buches geht es darum, dass Sie Wissen und Hinweise zu Einstellungen und Werkzeugen mitbekommen, um den Anfang zur Reflexion auf die eigene Person machen zu können.

Allerdings ist es, wie bereits bei den Stärken und Schwächen erwähnt, wichtig, zu beachten, dass das vollständige Bild oft erst durch die Hinzunahme der oben genannten externen Meinungen erreicht wird. Dies ist insbesondere der Fall, wenn Sie die ersten Male in die Reflexion gehen und noch wenig Routine gepaart mit Unsicherheit über die getroffenen Feststellungen vorhanden ist.

Hierbei sollten Sie allerdings darauf achten, dass es nicht nur die harmoniebestrebte Freundin, der beste Kumpel oder ein Mensch, der selbst gar nichts mit Reflexion am Hut hat, ist.

Um gutes Feedback über die eigene Persönlichkeit zu bekommen, ist es meistens besser, jemanden mit einzubeziehen, der Selbstreflexion bereits über einen längeren Zeitraum praktiziert, jemanden, der wirklich eine konstruktiv kritische Rolle gegenüber einem selbst einnehmen kann, jemanden, der unter Umständen schon dort ist, wo man selbst hin möchte!

Bei diesen Menschen haben Sie den Vorteil, dass sie um die Bedeutung klarer Worte, Ehrlichkeit und Offenheit wissen. Dennoch empfehle ich Ihnen, dass Sie dies auch aktiv einfordern und damit zeigen, dass Sie keine Angst davor haben, sondern Klarheit auf Ihrem Weg brauchen, um sich als Persönlichkeit weiterentwickeln zu können.

Ich möchte behaupten, dass es sehr oft genau diese Menschen im direkten oder indirekten Umfeld eines jeden Lesers gibt, und wenn nicht, so gilt es, sein eigenes Netzwerk auszubauen und sich mit Leuten zu umgeben, von denen man lernen kann, von denen man sich ein solches Feedback holen kann, um es für sich als konkrete Anleitung hinsichtlich seiner weiteren Persönlichkeitsentwicklung verwenden zu können.

Seien Sie einfach sehr kritisch, wen Sie für ein Feedback über sich selbst auswählen, denn es muss Ihnen weiterhelfen, mehr über Sie zu erfahren, und vor allen Dingen auch weiterhelfen, an welchen Dingen was und wie zu arbeiten ist, damit Sie Ihren Weg zu Ihren Zielen erfolgreich bestreiten können!

Offenheit, Ehrlichkeit, Disziplin und die Bereitschaft, Zeit regelmäßig zu investieren, müssen bei Ihnen kombiniert mit der Absichtserklärung, dass Sie wirklich wissen wollen, wer Sie sind, in die Tat münden und die Tat heißt Selbstreflexion.

Wie kann ich nun am besten Selbstreflexion betreiben und welche Werkzeuge/Hilfsmittel stehen mir dazu zur Verfügung:

1) Führen Sie täglich Buch über die Situationen und Dinge, die Sie am Tag geärgert, aber auch gefreut haben und Ihnen gut gelungen sind. Legen Sie ein sogenanntes Erfolgsjournal (später erkläre ich dies noch im Detail) für die positiven Dinge an und ein Ärgere-Dich-Nicht-Journal für die negativ empfundenen Dinge an.

2) Führen Sie in dem Ärgere-Dich-Nicht-Journal auch bitte die Gründe auf und welchen Beitrag Sie zu der entstandenen Situation oder dem Ereignis beigetragen haben. Seien Sie hier achtsam, ob es durch Ihre Einstellung kam, ob Sie sich entsprechend verhalten haben oder ob es schlichtweg ein unglücklicher Zustand war!?

3) Legen Sie in Ihrem Tagesablauf fest, dass Sie sich einmal pro Tag Ihre inneren Schätze vor Ihr geistiges Auge führen.

4) Fertigen Sie eine Liste, sinnvollerweise nach dem Lesen dieses Buches, wenn Sie sich besser kennengelernt haben, zu den Dingen an, die Sie bewusst an sich verändern wollen.

5) Informieren Sie Ihre engsten Vertrauten, klären Sie sie über diese Dinge auf und vereinbaren Sie umgehendes Feedback, wenn Sie sich nicht verändern sollten oder ggf. in alte Verhaltensmuster zurückfallen.

6) Wiederholen Sie zunächst alle drei Monate die Übungen zur Erkenntnis der eigenen Schätze, der Stärken und Schwächen sowie auch bezüglich der Dinge, die Sie an sich verändern wollen, um den eigenen Status messen zu können.

7) Fragen Sie sich und Ihre engsten Vertrauten, ob Sie sich selbst als Mensch treu bleiben und Ihre Ziele sowie Wünsche zu Ihren Werten passen?

8) Listen Sie konsequent Ihre größten Erfolge pro Jahr auf (nehmen Sie sich das zum Beispiel pro Quartal vor).

9) Visualisieren Sie so oft wie möglich Bilder von Ihren Träumen, Wünschen und Zielen auf einer Pinnwand oder in einem Fotoalbum und projizieren Sie die Inhalte auf Ihre Realität. Produzieren Sie dabei das Gefühl, wie es ist, dies in der Realität genießen zu können.

Das Streben nach Selbstverwirklichung ist in der Menschheit stark verankert und wird oft als großes Ziel genannt. Dennoch bleiben viele Menschen weit hinter diesem Ziel zurück. Was ist unter Selbstverwirklichung genau zu verstehen bzw. wie ist sie definiert und beschrieben?

„Selbstverwirklichung bedeutet in der Alltagssprache die möglichst weitgehende Realisierung der eigenen Ziele, Sehnsüchte und Wünsche, mit dem übergeordneten Ziel, ‚das eigene Wesen völlig zur Entfaltung zu bringen' (Oscar Wilde), sowie – damit verbunden – die möglichst umfassende Ausschöpfung der individuell gegebenen Möglichkeiten und Talente. Der Begriff hat für viele konservative Kritiker einen negativen Beiklang von Egoismus (Christian Erle) und mangelndem Familiensinn. Andererseits wird in der Maslowschen Bedürfnispyramide Selbstverwirklichung gerade mit Altruismus in Verbindung gebracht. Auch der Humanismus, der als erste Philosophie der Selbstverwirklichung des Menschen betrachtet werden kann, legt eher diese Verbindung nahe. Ein Philosoph, der für die völlige und grenzenlose Selbstverwirklichung des Individuums eintrat (ohne den Begriff zu gebrauchen) war Max Stirner."

---

[12] http://de.wikipedia.org/wiki/Selbstverwirklichung 15.10.2013 S. 1

Die möglichst weitgehende Realisierung der eigenen Ziele, Sehnsüchte (Träume) und Wünsche, das passt aus meiner Sicht am besten, wenn ich eine Bezeichnung für den Preis wählen müsste, der einem Menschen winkt, wenn er sich kennt, sich seiner selbst bewusst ist und die nötige Disziplin für die Umsetzung entwickelt, weil er um die große Bedeutung dieses Preises weiß.

Die Wege, sich der Selbstverwirklichung zu nähern, haben Sie bereits in vorherigen Kapiteln kennengelernt und dabei ist insbesondere die magische Planungsliste nach dem Vorbild von Alexander Falkner das wichtigste Instrument, um den eigenen Stand und den Fortschritt zu seinen Träumen, Wünschen und Zielen verfolgen zu können.

Diese Planungsliste, auf die von Ihnen gewählte Priorisierung Ihrer Wünsche und Ziele richtig sowie konsequent angewendet, wird Sie definitiv zu der Verwirklichung bringen.

Parallel zur Arbeit mit der magischen Planungsliste sollten Sie aber auch die o. g. Punkte von 1 – 8 konsequent verfolgen. Allerdings möchte ich ein Instrument, das ich von meinem Coach Herrn Schäfer vermittelt bekommen habe, herausheben, da es das wohl wichtigste Instrument ist, um sein eigenes Selbstvertrauen so aufzubauen, dass man lernt, für alle Aufgaben auf dem Weg zu seiner Selbstverwirklichung befähigt und bereit zu sein. Das Erfolgsjournal wird Ihnen die Beweise liefern, die Sie brauchen, um an sich selbst und Ihre Fähigkeiten zu glauben und zu wissen, dass Ihre Träume, Wünsche und Ziele wirklich für Sie erreichbar sind.

Ich nutze das Erfolgsjournal im Übrigen ebenfalls täglich und ich ziehe sehr viele Erkenntnisse für mein tägliches Leben wie auch für meine zukünftige Entwicklung daraus.

An dieser Stelle möchte ich Ihnen nun das Führen des Erfolgsjournals vorstellen, wie es von meinem Coach Bodo Schäfer empfohlen wird.

Auszug aus „Der Weg zur finanziellen Freiheit" (Bodo Schäfer):

„Sie halten (am besten täglich, mindestens aber ein- bis zweimal pro Woche) Ihre Erfolge schriftlich fest. Sie fragen sich: Was ist mir gut gelungen? Anfangs fällt Ihnen dazu möglicherweise recht wenig ein, und es macht Ihnen vielleicht auch nicht viel Spaß. Ich verspreche Ihnen aber, wenn Sie es nur drei Monate durchhalten, werden Sie erhebliche positive Veränderungen an

sich feststellen. Innerhalb dieser drei Monate werden Sie auch regelrechten Spaß an den täglichen Aufzeichnungen entwickeln.

Hilfen für das tägliche Erfolgs-Journal
- Schreiben Sie täglich. Wenn Sie zuvor die Übungen 1 bis 6 sorgfältig durchdacht haben, so haben Sie sehr viele Erkenntnisse (Bewusstsein) über sich selbst gewonnen. Dadurch fällt es Ihnen viel leichter, Dinge an sich selbst wahrzunehmen, die Sie als Erfolge erkennen.
- Wenn Sie täglich schreiben wollen, so wählen Sie am besten einen bestimmten Zeitpunkt des Tages, an dem Sie regelmäßig schreiben (zum Beispiel morgens gleich nach dem Aufstehen). So wird der Aufbau Ihres Selbstvertrauens zu einer festen Gewohnheit.
- Sollten Sie jedoch nicht täglich schreiben, so tun Sie es wenigstens ein- bis zweimal pro Woche. Urteilen Sie nicht über Ihre „mangelnde Disziplin". Freuen Sie sich vielmehr über jeden Moment, in dem Sie sich für so wertvoll halten, dass Sie über sich selber schreiben [...]
- Als Richtlinie kann gelten, dass Sie täglich mindestens fünf Erfolge identifizieren. Es ist schwer vorstellbar, dass Sie nicht wenigstens fünfmal „gut" waren bzw. wenigstens fünf Erfolge erzielt haben.
- Scheuen Sie sich nicht, auch ganz „banale, einfache" Dinge zu notieren. Haben Sie jemanden glücklich gemacht, zum Lächeln gebracht? Haben Sie einen Vorsatz ausgeführt? Eine Arbeit zu Ende gebracht? Auf Ihre Gesundheit geachtet? Sich selbst verwöhnt? Hatten Sie eine gute Idee? ... Erinnern Sie sich auch an die angeblich so „selbstverständlichen" Dinge, die oft leider erst dann besonders bedeutsam werden, wenn sie uns fehlen bzw. wir sie nicht mehr leben können. Man sagt so leicht: „Ich tue doch nur, was alle anderen auch tun würden." Aber Sie haben es getan.
- Wenn Sie Schwierigkeiten haben, sich an Ihre fünf Erfolge zu erinnern, so haben Sie zwei Hilfen: Erstens können Sie jederzeit durch Ihre alten Aufzeichnungen blättern. Sie fokussieren sich dann automatisch mehr auf Erfolge [...]

- Werten Sie von Zeit zu Zeit Ihre Aufzeichnungen aus. Markieren Sie die Erfolge, auf die Sie besonders stolz sind [...]

Erfolgsfragen:
1. *Worüber bin ich zurzeit in meinem beruflichen und in meinem privaten Leben am glücklichsten?*
2. *Was motiviert mich am meisten?*
3. *Was macht mich am selbstsichersten?*
4. *Wem vertraue ich, und wer vertraut mir?*
5. *Was begeistert mich zurzeit in meinem Leben am meisten?*
6. *Worüber bin ich zurzeit in meinem Leben am stolzesten?*
7. *Worüber bin ich jetzt in meinem Leben am dankbarsten?*
8. *Was genieße ich zurzeit in meinem Leben am meisten?*
9. *Wozu habe ich mich derzeit verpflichtet?*
10. *Wen liebe ich, wer liebt mich?*
11. *Inwieweit ist der heutige Tag eine Chance?*
12. *Was habe ich heute/gestern gegeben?*
13. *Wessen Tag habe ich bereichert?*
14. *Was habe ich lernen dürfen?*
15. *Wie hat der heutige/gestrige Tag mein Leben bereichert, und wie kann ich diesen Tag als ein Instrument für mein weiteres Leben nutzen?*
16. *Worüber habe ich mich von Herzen gefreut?"* [13]

Beachten Sie aber bitte bei dem Streben nach Selbstbewusstsein, -erkenntnis und -verwirklichung wirklich peinlichst genau, dass Sie die folgenden Eigenschaften/Attribute berücksichtigen:

Selbstdisziplin, Ehrlichkeit gegenüber sich selbst, Offenheit, Lernbereitschaft, Bereitschaft, sich zu hinterfragen, und Flexibilität.

Selbstverwirklichung wird Ihnen nicht gelingen, wenn Sie diese Attribute nicht beherzigen.

Sie müssen für sich selbst eine laufende Statusmeldung erheben, die Ihnen anzeigt, wo Sie stehen und wo Sie wirklich hinwollen.

---

[13] Schäfer, Bodo (Erscheinungsjahr 2009): Ihre erste Million in 7 Jahren. Der sichere Weg zur finanziellen Freiheit. 5-teiliges DVD-Set: Bonus-CD Seminar-Material & Dokumente. Erscheinungsort: RSI Bookshop GmbH

Ich möchte noch mal wiederholen, dass dies nicht immer einfach sein wird, denn manchmal wird es sogar einen Mehraufwand bedeuten, wenn man innehält und feststellt, dass man für ein unter Umständen neu entstandenes Ziel nun doch die eingeschlagene Richtung wechseln muss. Wenn Sie es als das richtige Ziel ausmachen, werden Sie dazu bereit sein, einen Mehraufwand auf sich zu nehmen, aber Sie müssen dazu stets eine große Offenheit bereitstellen. Es muss Ihnen sogar Spaß machen, sich von Zeit zu Zeit zu hinterfragen, denn vergessen Sie nicht, es dient alles dazu, dass Sie sich ein Leben nach Ihren Vorstellungen und Zielen verwirklichen können.

Ich schreibe bewusst von Zeit zu Zeit, denn Sie müssen und dürfen sich nicht ständig hinterfragen, da sonst schnell die Tendenz zur „Selbstzerfleischung" kippt und die wird Sie eher in die Zweiflerrolle schubsen, als dass Sie Ihnen die Orientierung gibt, die man zur konsequenten Beschreitung seiner Ziele braucht.

Konsequenz ist dabei ein gutes Stichwort, denn Sie werden vielleicht anmerken, dass es doch nicht gerade konsequent ist, wenn man dann gegebenenfalls seine Richtung, Ziele etc. ändert, aber genau darin liegt halt die Konsequenz.

Die Definition von Mahatma Gandhi ist sehr gut und deshalb möchte ich sie Ihnen nicht vorenthalten:

„Konsequenz ist keine absolute Tugend. Wenn ich heute eine andere Einsicht habe als gestern, ist es dann für mich nicht konsequent, meine Richtung zu ändern? Ich bin dann inkonsequent meiner Vergangenheit gegenüber, aber konsequent gegenüber der Wahrheit. Konsequenz besteht darin, dass man der Wahrheit folgt, so wie man sie von Mal zu Mal erkennt." [14]

Dies gilt auch für Sie, denn es wird im Rahmen Ihres Weges zur Selbstverwirklichung höchstwahrscheinlich nicht so sein, dass Sie auf Anhieb in allen Belangen direkt und ohne weitere Anpassungen auf der richtigen Spur unterwegs sein werden, dazu gibt es aller Wahrscheinlichkeit

---

[14] Schäfer, Bodo (1999): Der Weg zur finanziellen Freiheit. In sieben Jahren die erste Million. 10. Auflage. Frankfurt (Main); New York: Campus Verlag, 1999

im Laufe Ihrer Reise zu viele neue Situationen sowie Momente, die Sie doch noch mal zum Nachdenken bringen werden. Aber glauben Sie mir, das ist genau der richtige Weg, ich weiß es aus eigener Erfahrung, dass man sich erst dann wirklich intensiv mit sich beschäftigt, wenn man aus der Selbstreflexion wirklich Bereitschaft entwickelt, bewusst die Richtung zu wechseln, um zu neuen Horizonten aufbrechen zu können. Das ist dann aus meiner Sicht der Dinge tatsächlich der Weg, sich selbst zu verwirklichen. Ich bin der Meinung und so habe ich es selbst erlebt, dass schlichtweg zu viele Dinge im Leben passieren, als dass man einen einmal eingeschlagenen Weg stumpf fortführen kann, denn dies würde bedeuten, dass man die anderen Einflüsse komplett ausblenden würde. Diese Haltung ist sicherlich nicht mit dem Prädikat „sehr schlau" zu versehen.

Ich sage nicht, dass man seine definierten Ziele wie Wackelpudding sehen sollte und dann einfach regelmäßig verändert, wenn es einem in den Sinn kommt. Das wäre eher Willkür und unsinnig sprunghaft.

Ich bin ein Anhänger davon, dass bewusst entschiedene, festgelegte Ziele unbedingt mit absoluter Zielstrebigkeit und Vehemenz verfolgt werden sollten, aber es muss dennoch immer ein offener, selbstkritischer Geist dabei sein, der gegebenenfalls den Weg dorthin kritisch beäugt oder der die Notwendigkeit der Anpassung des Zieles impliziert. Man muss seine Träume, Wünsche und Ziele im Auge halten, die Erfüllung dieser Inhalte hat Priorität für das eigene Handeln. Verändern sich diese Inhalte und man will diese Veränderung, dann ist es an der Zeit, seinen eingeschlagenen Weg zu verändern.

Um den Weg zur Selbstverwirklichung erfolgreich gehen zu können, spielt aus meiner Sicht die Lernbereitschaft eine große Rolle, denn oft begegnen wir im Leben der Haltung „Kenne ich schon!", „Habe ich schon erlebt oder gemacht!" oder Ähnlichem. Die Lernbereitschaft öffnet in uns Menschen allerdings immer neue Türen und sorgt in erheblichem Maße dafür, dass wir uns im Leben auf neue Ebenen bewegen, wo unsere Persönlichkeit und unser Wissen wachsen können.

Wir befähigen uns durch unsere Lernbereitschaft dazu, mit neuen Inhalten, Situationen und Herausforderungen in unserem Leben klarzukommen. Sie lässt uns offen sein für sämtliche Entwicklungen in unserem Leben.

Lernbereitschaft ist im Zuge der eigenen Selbstverwirklichung unabdingbar, denn meistens liegen unsere Ziele vor uns und wir müssen noch einiges tun, bevor wir selbst befähigt sind, diese Ziele überhaupt erreichen und genießen zu können.

Wenn wir nicht bereit sind, zu lernen und uns dadurch weiterzuentwickeln, wie sollen wir dann höhere, größere Ziele angehen ohne komplett überfordert zu sein?

Für die Erreichung von höheren Zielen ist die persönliche Weiterentwicklung von entscheidender Bedeutung, denn sie gibt uns das Handwerkzeug für die nächste zu erledigende Aufgabe mit.

Dabei sollten Sie Erfolge auf der Wegstrecke zu Ihren Zielen und Wünschen immer feiern, aber seien Sie erst zufrieden, wenn Sie Ihre Wünsche sowie Ziele wirklich erreicht haben.

11. Kapitel
ZUFRIEDENHEIT MIT SICH SELBST

Beginnen wir mit dem Begriff und was darunter zu verstehen ist. Im Folgenden finden Sie zwei Zitate, die mir persönlich zur Erklärung und Einordnung des Begriffs Zufriedenheit am besten gefallen haben.

„Als Zufriedenheit wird in der Psychologie ganz allgemein die Übereinstimmung einer bestimmten Erwartung eines Menschen vor einer Handlung mit deren tatsächlichem Erleben danach bezeichnet. Der Zufriedenheitsgrad ist dann abhängig vom Ausmaß der Abweichung zwischen dieser Erwartung und dem Handlungsergebnis. Ist die Erwartung höher als das Erlebnis, entsteht Unzufriedenheit, ist das Erlebnis mindestens gleich oder höher als die Erwartung, entsteht Zufriedenheit." [15]

„... sich mit dem Gegebenen, den gegebenen Umständen, Verhältnissen in Einklang befindend und daher innerlich ausgeglichen und keine Veränderung der Umstände wünschend." [16]

Sie sehen, dass Zufriedenheit sehr viel mit dem Thema Selbstverwirklichung zu tun hat und viele Schnittmengen bestehen. Mit sich zufrieden zu sein, somit nichts anderes zu verlangen, mit den gegebenen Verhältnissen/Leistungen zufrieden zu sein, das bedeutet, seine Ziele und Vorhaben erfüllt zu haben. Dies wird Sie auch der Selbstverwirklichung näherbringen, denn dieses Ziel beinhaltet einen zufriedenen Menschen.

---

[15] http://lexikon.stangl.eu/6737/zufriedenheit/ 19.11.13 S. 1
[16] http://www.duden.de/rechtschreibung/zufrieden 19.11.13 S. 1

Im normalen Alltag sprechen wir sehr häufig von dem Thema Zufriedenheit, oft aber ist uns die Bedeutung dieses Begriffes aber gar nicht in der vollen Tragweite bewusst, denn er mutiert sehr häufig zu einer Floskel. Zufriedenheit wird fälschlicherweise oft als eine Art Bremsklotz wahrgenommen, der den Menschen den Antrieb nimmt, weiterzumachen, weiter nach etwas zu streben. Sie wird oft mit Haltungen, wie „sich mit etwas abfinden" oder „etwas hinnehmen zu müssen" in Verbindung gebracht.

Sie kennen mit Sicherheit die folgenden Beispiele:

Auf die Frage, „Wie geht es dir?" folgt „Ich bin zufrieden, man lebt."

Auf die Frage nach dem Job kommt die Antwort, „Man muss ja auch mal zufrieden sein."

Ich will nicht behaupten, dass es manchen Menschen mit dieser Antwort nicht wirklich ernst ist, aber ich behaupte, dass der Begriff Zufriedenheit im Leben definitiv sehr häufig nicht in seiner wahren Bedeutung verwendet wird. Denn viele Menschen werden in der Realität ganz und gar nicht behaupten, dass sie mit den gegebenen Verhältnissen tatsächlich zufrieden sind und, wie in der oben genannten Erklärung des Begriffes beschrieben, nichts auszusetzen haben oder nichts anderes verlangen würden.

Es wird Momente in unserem Leben geben, in denen wir Zufriedenheit verspüren, und dann sollte man diese Momente genießen, aber man darf nicht die Perspektive, nicht die übergeordneten Träume, Wünsche und Ziele aus den Augen verlieren, denn an denen gilt es, sich zu orientieren, um in seinem Leben möglichst viel Erfüllung und Spaß zu empfinden.

Warum sollte man auch zufrieden sein, wenn man nicht das erreicht hat, was man aber gerne haben oder sein möchte? Ist das irgendwo festgeschrieben, dass man es trotzdem sein muss?

Ich möchte an dieser Stelle betonen, dass es nicht bedeuten muss, totunglücklich zu sein, wenn man ein Ziel nicht erreicht hat, aber man muss definitiv nicht zufrieden sein, sofern dieses Ziel immer noch in der entsprechenden Ausgestaltung besteht.

Träume, Wünsche und Ziele sollen immer ein Ansporn sein, ein Ansporn, das in seinem eigenen Leben umzusetzen beziehungsweise zu erreichen, was man selbst für sich als entsprechend wichtig definiert oder festgelegt hat. Das zu erreichen, was einem selbst Erfüllung bringt und wo man sich selbst verwirklichen kann.

Wenn Sie in entsprechenden Momenten Zufriedenheit verspüren, in Momenten, wo Sie nichts anderes verlangen, wo Sie mit sich und der Welt zufrieden sind, dann denken Sie bitte ganz besonders an folgende sehr wichtige Sache:

„Seien Sie dankbar und sprechen Sie diese Dankbarkeit bewusst zu sich selbst aus!"

Dies habe ich auch erst wieder lernen müssen, denn leider habe ich viele Dinge als selbstverständlich aufgefasst, anstatt bewusst dankbar zu sein und mich bewusst über diese Dinge oder Erlebnisse zu freuen.

Es ist nämlich nicht selbstverständlich, diese Momente erleben zu dürfen, sei es nun, weil man hart für sie gearbeitet hat oder aber weil es schlichtweg viele Menschen gibt, die sie nicht erleben können: Denken Sie nur an Menschen, die nicht mehr sehen oder laufen können etc.

Ich bin der Überzeugung, dass man sich selbst regelmäßig vor Augen führen muss, womit man wirklich zufrieden und somit auch dankbar sein muss. Es öffnet die Augen für Vieles, was im normalen Alltag oft im Sog des Selbstverständlichen untergeht. Man macht sich damit bewusst, was nicht selbstverständlich ist, und bekommt immer wieder ein Gefühl für die Bedeutung sowie Gewichtung von Dingen im eigenen Leben.

Ist es nicht oft so, dass uns zum Beispiel der tragische Tod eines Menschen (aus dem direkten oder auch indirekten Umfeld) oft zu der Erkenntnis kommen lässt, was wirklich zählt, und dass man sich oft über Dinge aufregt, die doch eigentlich bedeutungslos sind, wenn man nun auf solch ein Ereignis blickt.

Leider fällt man sehr oft wieder in das alte Muster oder, ich nenne es, den Alltag zurück, den Strom, der zum einen natürlich auch wichtige Normalität zurückbringt, aber zum anderen auch oft die sogenannten Selbstverständlichkeiten in den Hintergrund rutschen lässt.

Um sich der eigenen Zufriedenheit weitestgehend in den Situationen des Lebens zu nähern und sie möglichst zu erreichen, möchte ich Ihnen noch ein weiteres Zitat mit auf den Weg geben, was sehr gut umschreibt, welche Fragen Sie begleitend stellen sollen, um in Ihrem Leben Erfüllung zu finden.

„‚Welchen Preis bin ich bereit, zu zahlen?‘, ‚Welche Dinge sind es wert, getan zu werden?‘, ‚Welches Neuland bin ich bereit, zu betreten?‘, ‚Welches Commitment bin ich bereit, einzugehen?‘, ‚Zu welchen Dingen bin ich bereit, Nein zu sagen?‘ – Viele stellen sich diese Fragen niemals. Und dringen darum nicht zum Wesentlichen vor. Zum für sie wirklich Bedeutsamen.“ [17]

Dieses Zitat ist eine gelungene Überleitung in das nächste Kapitel, in dem ich Sie mit der Thematik des Sinns des Lebens zusammenbringen möchte. Sie werden erkennen, dass es hier ebenso klar wird, welche immense Bedeutung hinter dem eigenen Sich-selbst-bewusst-sein steckt.

Bitte stellen Sie sich vor, was wirkliche Zufriedenheit doch für ein fantastischer Zustand ist, und dass er es wert ist, im eigenen Leben angestrebt zu werden. Ich meine, dass Zufriedenheit ein Teil des Sinns unseres Lebens ist.

Ich lade Sie nun zu einem weiteren Schritt und auf die Fortführung Ihrer eigenen Erkenntnisse ein.

---

[17] Förster, Anja/Kreuz, Peter, (März 2013): Hört auf zu arbeiten. Erste Auflage. Erscheinungsort: Pantheon Verlag, München, in der Verlagsgruppe Random House GmbH

12. Kapitel
SINN DES LEBENS

Lassen Sie mich das Kapitel mit einigen Zitaten zur Erläuterung und Einordnung des Begriffes beginnen.

„Bei der Frage nach dem Sinn des Lebens geht es um die auf einen Zweck gerichtete Bedeutung des Lebens im Universum an sich oder um die biologische sozio-kulturelle Evolution, insbesondere des Homo Sapiens. Im engsten Sinn ist damit die ‚Deutung des Verhältnisses, in dem der Mensch zu seiner Welt steht‘, gemeint." [18]

„Die Frage nach dem Sinn des Lebens beinhaltet diejenige nach der Bestimmung des Menschen. Hierbei wird diskutiert, ob diese durch eine äußere Institution vorgegeben ist, etwa ein göttliches Gebot, ob ein bestimmtes Verhalten der Natur entspringt, dass z. B. der Mensch dem Zweck der Fortpflanzung oder Arterhaltung folgt, oder ob er gefordert ist, autonom ein selbstbestimmtes Leben zu führen und sich einen Lebensweg zu wählen, den er als sinnvoll erachtet." [19]

---

[18] Herbert Frohnhofen zitiert P. Tiedemann, Seite 2 These 7: http://www.theologie-beitraege.de/Sinn.pdf

[19] Volker Gerhardt: Stichwort „Sinn des Lebens", in: HWPh, Band 9, 1995

„Sinnvoll erscheint ein Leben dann, wenn es einer idealen Wertvorstellung entspricht." [20]

Natürlich kommt generell die Frage auf, ob das Leben denn überhaupt einen Sinn haben muss, muss es einem bestimmten Zweck dienen und muss ein bestimmtes Ziel erreicht werden, um dies am Ende dann Sinn nennen zu können?

Ich bin mir sicher, dass nahezu jeder Mensch sich mit der Fragestellung nach dem Sinn des Lebens mehr oder weniger beschäftigt. Ich bin davon überzeugt, dass wir alle nach einem erfüllten Leben streben, das uns möglichst alle Vorstellungen, Wünsche und Ziele erleben lässt.

Damit dies aber überhaupt möglich ist, möchte ich an dieser Stelle noch mal wiederholen, wie wichtig es ist, dass man in sich und aus sich selbst diese Vorstellungen, Wünsche und Ziele erkennt.

Natürlich ist es zumeist so, dass im Falle von Schicksalsschlägen, großen Enttäuschungen, Niederlagen oder scheinbar unüberbrückbaren Hindernissen die Frage nach dem Sinn des Lebens gestellt wird, da das Leben in diesen Momenten einfach so kompliziert, schwierig und ungerecht erscheint, sodass man sich in diesen Momenten oder Phasen fragt, warum und wie das eigene Dasein denn überhaupt Freude bereiten soll, sofern es doch solche Unannehmlichkeiten, Probleme etc. bietet.

Diese Denkweise ist natürlich nachvollziehbar und ganz kurzfristig auch durchaus vertretbar, zumal viele von uns mit Sicherheit schon solche Erlebnisse hatten. Dennoch ist es wichtig, sich vor dem geistigen Auge daran zu erinnern, dass es in gleichem Maße auch noch niemandem gut getan hat oder es zur Verbesserung geführt hat, wenn man sich dem Schicksal ergeben hat und mit einer negativen Grundhaltung in die Zukunft gegangen ist, in der man folglich negative Erlebnisse wie ein Magnet angezogen hat.

Ich habe mit 17 Jahren meinen Vater ganz plötzlich verloren, der nur 38 Jahre alt war, meine kleinste Schwester wurde 4 Jahre und meine Mutter stand mit 35 Jahren sowie 4 Kindern alleine da.

---

[20] Friedrich Schleiermacher: Über den Wert des Lebens (1792/93, posthum), Kritische Gesamtausgabe Band I/1, hrsg. von G. Meckenstock, de Gruyter, Berlin/New York, 391 ff; William James: Is Life worth living?, in: The will to believe, and other essays in popular philosophy. Longmans, Green & Co., New York 1897

Ich kenne solche Schicksalsschläge und die schwere Zeit danach, bei denen man glaubt, das Leben hätte sich eher gegen einen selbst verschworen.

Aber ich habe es nicht nur an meiner Mutter und meinem Umfeld, sondern auch an mir selbst erlebt, dass man trotzdem weiter positiv nach vorne blicken muss und den Glauben an ein Leben, das einem viel bietet und in dem man selbst viele Dinge verwirklichen kann, niemals verlieren darf. Mein weiteres Leben hat mir Recht gegeben und glauben Sie mir, dass es nicht immer leicht war, denn ich war auch konditioniert, ich hatte nicht immer ein klares Bild von mir und es fiel mir nicht immer leicht, das mir selbst den Spiegel vorzuhalten.

Ich habe aber immer daran geglaubt, dass es in meinem Leben einen Sinn geben muss und wenn es nur der ist, dass ich als Mensch in und an meinem Leben Spaß sowie Wohlgefallen verspüre. Ich habe mich in den letzten Jahren vermehrt mit diesem Thema beschäftigt, mich dem professionellen Coachingprogramm von Herrn Bodo Schäfer angeschlossen und letztendlich sind meine Gedanken und Feststellungen aus meinem Leben und dem erworbenen Wissen aus diesem hervorragenden Coachingprogramm in dieses Buch eingeflossen. Ich bin ganz klar der Meinung, dass es nicht möglich ist, den individuellen Sinn, den jeder einzelne Mensch für sich und sein Leben anstrebt bzw. sieht, zu finden, wenn er sich nicht selbst wirklich gut kennt!

Deshalb möchte ich an dieser Stelle noch mal wiederholen, wie wichtig es ist, nicht den Weg der Verdrängung oder der Ignoranz zu wählen, wenn es darum geht, für sich selbst herauszufinden, wer man ist, und um sich selbst bewusst zu werden.

Bei der Frage oder Suche nach dem Sinn des Lebens gehen nämlich viele Menschen genau diesen Weg, sie gehen einfach den eingeschlagenen Weg, sie leben den Alltag und folgen ihrem weiteren Lebensverlauf wie eine Lokomotive den Schienen, die eine vorgegebene Richtung haben. Oft geschieht es dann den Menschen, dass sie in der entsprechenden Stimmung, bei melancholischer oder emotionsgeladener Musik oft in Gedanken schwelgen, wo sie aus ihrem Alltag ausbrechen, wo sie sogenannte verrückte Dinge tun und sich abseits der Pfade des Normalen bewegen, wo sie sozusagen Rebellen entgegen ihrem Alltag sind. Wo sie ein Leben nach ihren Vorstellungen außerhalb ihrer anerkannten und gelebten Konventionen leben.

Halten Sie bitte kurz inne und horchen in sich selbst hinein, ob Sie das auch schon mal oder häufiger erlebt haben!?

Ist es nicht Wahnsinn, wenn man darüber nachdenkt, dass Menschen einfach (dies ist eine bewusst provokante Darstellung) ihr Leben so dahin leben, sicherlich schon mit schönen, glücklichen Momenten, aber dass sie im Grunde aus diesem Alltag ausbrechen, sich selbst verwirklichen wollen, ihren Sinn des Lebens eigentlich realisieren möchten, es aber einfach nicht vehement genug verfolgen und somit letztendlich nicht tun?

Was wartet dann am Ende eines Lebens? Ist es die sogenannte „Bucket-List" (der deutsche Titel lautet „Das Beste kommt zum Schluss"), wie im Film mit Jack Nicholson und Morgan Freeman, wo zwei, in diesem Fall totkranke Menschen darüber philosophieren, was sie eigentlich im Leben schon immer machen wollten, aber nie getan haben? Ist es schlichtweg Frustration, die man empfindet, weil man seine Versäumnisse erkennt und im besten Fall den jüngeren Menschen noch sagt, sie sollten es anders bzw. besser machen?

Ich kann es natürlich nicht sagen, wie man irgendwann eventuell mal empfinden wird, aber mich schaudert es bei dem Gedanken: dass man in einem gewissen Alter irgendwann zurückblickt und die unterlassenen Dinge zu viel Gewicht bekommen. So viel Gewicht, dass es einem weh tut und man diesen Schmerz aber unter Umständen nicht mehr wegbekommen kann, weil es einfach für manche Dinge zu spät ist.

Ich habe gelernt und bin heute der Überzeugung, dass es keine fest vordefinierten Rollen, Restriktionen oder Limits im Leben gibt und dass alles möglich ist. Denn das erleben wir ebenfalls tagtäglich in Form von Geschichten, Reportagen, Büchern, Filmen über Menschen, die scheinbar Unmögliches oder aber auch schlicht ihre Träume verwirklicht haben. Dabei muss es nicht immer um den Milliardär gehen, sondern auch einfach um Menschen, die ihre Erfüllung in ihren Aktivitäten, ihrem Beruf, in ihrer Rolle gefunden haben.

Natürlich gibt es Menschen, ethnische Minderheiten und/oder Länder, in denen Menschen leben, für die es deutlich schwieriger ist. Natürlich gibt es Menschen auf dieser Erde, die um das nackte Überleben kämpfen müssen, denen das Minimum für eine Existenz fehlt.

Aber ich denke, dass auch diese Menschen ihre individuellen Ziele, Träume und Wünsche haben, an deren Verwirklichung sie aktiv gestaltend mitwirken können.

Die Dimensionen und Ausprägungen der Ziele, Wünsche, Träume und die „Absprungplattform" zwischen Menschen aus den Industriestaaten und den eben beschriebenen Menschen sind selbstverständlich gravierend, aber existieren tun sie für alle.

Für alle ist es in jedem Fall wichtig, sich selbst zu kennen, damit die eigenen wirklichen Ziele, Wünsche und Träume erkannt werden können. Ich würde mir wünschen, dass die Realisierung für alle Menschen gleichsam möglich ist, aber mir ist bewusst, dass die Realität anders aussieht.

Deswegen möchte ich Sie stets anhalten, dass Sie sich bewusst machen, wofür Sie dankbar sein können und sollten. Der Sinn des Lebens beinhaltet für mich auch die Komponente, dass man dankbar für das Erreichte, das Erlebte, das Leben selbst sein sollte.

Wir, insbesondere die Menschen aus den Industriestaaten, halten vieles für so selbstverständlich, dass es uns schon gar nicht mehr in den Sinn kommt, dafür dankbar zu sein. Das wir morgens selbst aufstehen können, gehen, laufen, uns frei bewegen, sehen, aus Nahrung, Kleidung im Überfluss wählen können, ist eben nicht selbstverständlich und deshalb sollten wir dafür sehr dankbar sein.

Ganz ehrlich, wann haben Sie sich dies mal vor Augen geführt und waren bewusst dankbar für die scheinbar so selbstverständlichen Dinge?

Ich könnte an dieser Stelle noch etliche Themen aufführen, für die man dankbar sein sollte, ob es die eigenen vier Wände, die erlebten Reisen, die Eltern, die Freunde, die Verwandten, die eigenen Fähigkeiten oder Errungenschaften sind.

Ich möchte Ihnen an dieser Stelle nochmals mit auf den Weg geben, dass neben der enormen Bedeutung, sich selbst zu kennen, um dadurch die für sich wichtigen Ziele, Wünsche und Träume zu definieren, ebenfalls sehr wichtig ist, tiefe und ehrliche Dankbarkeit für die verschiedenen Inhalte seines Lebens zu empfinden.

Ich habe es an mir selbst erkannt, dass ich zu vieles für selbstverständlich gehalten habe, mich sogar über schöne Dinge, wirkliche Erfolge nicht richtig gefreut habe, weil ich sie für nichts Außergewöhnliches gehalten habe. Heute weiß ich, dass ich so empfunden habe, weil ich diese Dinge in einen Vergleich mit anderen Dingen gegeben hatte und mir dann immer Größeres und Besseres einfiel.

Ich möchte Sie deshalb sogar bitten, einem Rat zu folgen, den auch ich von meinem Coach Bodo Schäfer bekommen habe, ich möchte, dass Sie die Dinge aufschreiben, für die Sie persönlich dankbar sind, und ich möchte Ihnen den Rat geben, dass Sie sie regelmäßig laut aufsagen. Das Aufsagen wird dafür sorgen, dass sie Ihnen noch bewusster sind, dass Sie nicht nur daran denken, sondern sie bewusst laut aussprechen, das verleiht dem Ganzen entsprechenden Nachdruck.

Lassen Sie die Vergleiche weg, es geht hier nur um Sie und schreiben Sie ruhig alles auf, was Ihnen positiv im Gedächtnis ist, nichts ist dabei so banal als dass es nicht von Ihnen aufgeschrieben werden sollte.

Auflistung der Dinge, für die ich dankbar bin:

Das ist nun Ihre ganz persönliche Liste mit Lebensinhalten, für die Sie dankbar sind. Lesen Sie sich diese Auflistung regelmäßig vor, dann werden Sie stets daran erinnert und schärfen Ihren Blick sowie das Gefühl für die eben nicht so selbstverständlichen Dinge, die wir leider viel zu oft vergessen.

Wir sollten alle gemeinsam im Leben den Blick auf die Chancen werfen und auf die unzähligen Möglichkeiten, die sich vor uns und die wir uns selbst, mit der entsprechenden Selbsterkenntnis, eröffnen können.

In den Medien wird die heutige Situation in unserer Gesellschaft und in der Welt häufig dramatisch, aber durchaus in weiten Teilen treffend beschrieben. Wir alle werden oft mit den Thematiken wie dem globalen Krieg, dem Ende der Menschheit, der Umweltzerstörung und der zunehmenden Flucht in virtuelle Welten konfrontiert. In der Gesellschaft wird die Auswirkung dieser Szenarien oft als eine Art allgemeine Sinnkrise dargestellt, der nur global und durch das Kollektiv begegnet werden kann.

Aber das ist nur eine Seite der Medaille, wir selbst haben alle die Wahl, ob wir uns in diese Art Sinnkrise begeben oder ob wir unseren Sinn aktiv suchen und selbst gestalten.

Lassen Sie mich dieses Kapitel damit beschließen, dass man all das als Bedrohung annehmen kann, aber sollten wir uns davon ersticken beziehungsweise erdrücken lassen?

Nein, mit Sicherheit nicht! Denn es ist unser eigenes Leben, welches wir nicht fremdbestimmt an uns vorbeiziehen lassen sollten: überlastet mit Sorgen, Bedenken und Ängsten.

Wir sollten uns darum bemühen, uns selbst und den Menschen um uns herum Mut zu machen, die eigenen Wünsche, Ziele und Träume tatsächlich (er-)leben zu wollen, damit wir bei der uns selbst gestellten Frage nach dem Sinn unseres Lebens eine Antwort haben. Ich bin fest davon überzeugt, dass wir Spaß an und in unserem Leben haben sollen. Spaß und Freude, die wir mit unseren Mitmenschen teilen sollen. Spaß und Freude zu teilen bedeutet auch, den anderen etwas Gutes zu tun, weil es einfach ein fantastisches Gefühl ist, Gutes zu tun und die Freude im Gesicht des Empfangenden zu sehen.

Wenn wir uns und unser jeweiliges Umfeld dazu bewegen, sich selbst zu kennen und sich selbst seiner Person bewusst zu sein, dann bringen wir den Menschen eine deutlich größere Zufriedenheit, die für das gesamte System der Gesellschaft von Nutzen ist.

Lassen Sie uns aber zunächst im „kleinen Kreis", Sie und ich, mithilfe dieses Buches beginnen. Sie haben nun alle schriftlichen Übungen erledigt und ich hoffe von ganzem Herzen, dass Sie völlig überzeugt sagen können, dass es Sie weitergebracht hat und dass Sie den Kreislauf ausgehend vom Sich-selbst-bewusst-sein über die Definition der eigenen Ziele, Wünsche, Träume bis hin zur Ableitung des eigenen Lebenssinns erschließen konnten.

Im letzten Kapitel möchte ich Ihnen einen wichtigen Verbündeten vorstellen, der Ihnen eine große Hilfe bei der Umsetzung Ihrer angestrebten Ziele und Wünsche sein wird.

Ich möchte Ihnen dazu lediglich eine Art Zusammenfassung aus meiner Sicht geben, denn das entsprechende Werk, dessen ich mich auch bedienen konnte, ist wohl das beste Buch zu diesem Thema und sollte aus meiner Sicht in keinem privaten Bücherregal fehlen.

13. Kapitel
VERTRAUEN IN SICH UND SEIN UNTERBEWUSSTSEIN

Ihr eigenes Unterbewusstsein ist der mächtige Verbündete, den ich meine. Ich werde Ihnen ein paar grundlegende Kenntnisse und die Funktionsweise des Unterbewusstseins vorstellen. Mich selbst hat dabei das Buch von Dr. Joseph Murphy, „Die Macht des Unterbewusstseins" am meisten beeindruckt und auch beeinflusst.

Ich kann Ihnen dieses Buch wirklich ans Herz legen, es ist fantastisch und sehr lehrreich zugleich.

In meinem Buch möchte ich Ihnen, wie bereits erwähnt, zusammenfassend aus meiner Sicht aus dem oben genannten Werk Grundlegendes zum Unterbewusstsein vermitteln, aber auch, wie Sie Ihr Unterbewusstsein für Sie einsetzen und steuern können.

Es gibt verschiedene Kerninhalte, die man verstehen, erkennen, akzeptieren und anwenden muss, damit auch das eigene Unterbewusstsein in die gewünschten Richtung arbeiten kann, das heißt an der Realisierung der eigenen Träume, Wünsche und Ziele.

Eine wesentliche Grundlage ist, dass man sich verdeutlicht, dass das, was man wirklich glaubt, auch das ist, was man denkt.

Etwas vereinfacht dargestellt bedeutet es schlicht, die Überzeugung anzunehmen, dass ich das, was ich in meinen Gedanken für wahr nehme, natürlich auch glaube, das heißt, davon überzeugt bin.

Es wird auch von der Gleichheit zwischen dem Gesetz des Geistes und dem Gesetz des Glaubens gesprochen.

Jedem Gedanken ist die Rolle einer Ursache zuzuteilen, woraus ein innerer oder äußerer Umstand als Wirkung entsteht.

Dem Unterbewusstsein wird laut Dr. Joseph Murphy die Rolle des kreativen Teils zugesprochen, während das „normale" Bewusstsein das logische Denken verantwortet.

Sie müssen verinnerlichen, dass Ihre eigenen Gedanken, Gefühle und Vorstellungen im Laufe der Zeit in Ihrer Realität Gestalt annehmen. Ihr Unterbewusstsein kreiert sozusagen nach Vorgabe durch Ihre Gedanken das, was Sie folglich in der Realität bewusst wahrnehmen und bewerten können.

Ein Beispiel ist, dass man am Morgen wach wird und von Tagesbeginn an Dinge schiefgehen, man ist zu spät dran, Kaffee wird auf das frische Hemd verschüttet, das Auto springt nicht an und man beginnt, sich darauf zu konzentrieren, dass so ein Start in den Tag bestimmt nur Katastrophen nach sich ziehen wird. In der Realität ist oft dann genau dies der Fall. Das sind dann jene Tage, wo man den Eindruck gewinnen könnte, dass eine Verschwörung gegen die eigene Person laufen würde.

Ein weiteres Beispiel sind die Situationen, in denen man davon überzeugt ist, dass man auch noch die Grippe bekommt, weil einfach gerade alle Menschen im Umfeld an der Grippe erkrankt sind. Man hört diese Menschen die ganze Zeit darüber sprechen und nicht viel später sind sie dann auch betroffen. Häufig kommt es dann zu der Aussage, „Das war mir ja klar, dass es mich ebenfalls erwischen wird."

Ein letztes Beispiel werden Sie wahrscheinlich selbst schon öfter erlebt haben, wenn Sie mit den „Zweiflern", „Schwarzmalern" etc. zu tun hatten, die aufgrund ihrer gedanklichen Ausrichtung nur noch in eine negative Richtung denken können. Diese negative Grundhaltung zieht einen selbst runter, hat eine starke destruktive Wirkung und entweder man bläst in dasselbe Horn oder man empfindet es als stark abschreckend, als etwas, womit man nichts zu tun haben möchte.

Grundsätzlich möchte ich Ihnen aus eigener Erfahrung mitgeben, dass positives Denken und somit das Einprägen positiver Inhalte in das eigene Unterbewusstsein tatsächlich positive Dinge entstehen lässt, während negative Denkweisen sehr oft negative Inhalte oder Misserfolge nach sich ziehen. Das positive Denken hat auf meine ganze Einstellung und meine Gedanken- bzw. Gefühlswelt eine so positive Ausstrahlung, dass ich in der Lage bin, den Geschehnissen bewusst zuzugestehen, ob sie meine Gefühle, Gedanken zum Beispiel überhaupt negativ beeinflussen können. Durch diese Möglichkeit habe ich gelernt, mich generell auf die positiven Dinge zu konzentrieren und positive Dinge zu erwarten.

Natürlich muss und wird nicht jeder negativ aufgeladene Gedanke umgehend mit einem negativen Erlebnis beantwortet, aber Sie sollten darauf achten, dass Ihre Gedanken eben von positiven Inhalten dominiert und beherrscht werden, nicht von negativen Inhalten!

Der Gedanke ist somit auch mit dem Anfang einer Tat zu vergleichen und das Ereignis die jeweilige Reaktion des Unterbewusstseins auf die Ausprägung der eigenen Gedanken.

An dieser Stelle möchte ich gerne einen Absatz aus dem Buch von Joseph Murphy zur plakativen Darstellung und zur Zusammenfassung des Kerns zitieren. Es betrifft das universelle Prinzip, nach welchem das Unterbewusstsein funktioniert.

Zitat des Auszugs:

„Jeder Eindruck, der auf das eigene Unterbewusstsein wirkt, findet in Zeit und Raum Ausdruck als Umweltbedingung, Erfahrung und Ereignis. Woran ich bewusst glaube und was ich dem UB einpräge, das ist wahr!

Das Bewusstsein ist der objektive Geist, der Denkprozess spielt sich im Bewusstsein ab. Das Bewusstsein muss dem Unterbewusstsein eine Freigabe für seine Aktivitäten geben, indem es die Inhalte (Ziele, Wünsche, Gedanken etc.) als wahr, bewusst glaubhaft wertet. Dann hält auch das Unterbewusstsein die Inhalte für real und es reagiert entsprechend.

Was immer ich unterbewusst als wahr definiere, nimmt feste Gestalt an als Lebenssituation, Zustand oder Ereignis. Das Unterbewusstsein führt demnach die Befehle des Bewusstseins in Form von Urteilen, Überzeugungen aus.

Psychische und physische Bewegung bedingen sich gegenseitig und schaffen ihr eigenes Gleichgewicht. Wie im Himmel (im eigenen Geist), so auf Erden (also im eigenen Körper, der eigenen Umwelt).

Dies wird als das große Gesetz des Lebens bezeichnet und somit schließt sich der Kreis, denn das Gesetz des menschlichen

*Geistes entspricht dem Gesetz des Glaubens und somit besteht
auch Übereinstimmung mit dem Gesetz des Lebens."* [21]

Ein sehr wichtiges Element, das Sie in diesem Buch bereits zum Thema Konditionierung kennengelernt haben, ist die Macht der Wiederholung.

Um das Unterbewusstsein maßgeblich beeinflussen zu können, müssen zum Beispiel Träume, Wünsche und Ziele immer wieder wiederholt werden, damit sie sich fest als dominierende, beherrschende Elemente in die eigenen Gedanken eingeprägt haben.

Sehr wichtig ist, dass Sie diese Elemente (Ihre Träume, Wünsche und Ziele) als bereits verwirklicht betrachten, Sie müssen sie sich als Realität vorstellen und sie mit den entsprechenden Emotionen verbinden. Sie müssen Ihren sogenannten objektiven Geist, Ihr Bewusstsein durch die ständige Wiederholung so konditionieren, dass er Ihre Gedanken als wahr annimmt (also so fühlen bzw. mit eigenen Emotionen aufladen, als würden sie bereits existieren) und die Inhalte feste Gestalt annehmen können. Sie müssen überzeugt sein, dass Ihr Unterbewusstsein Ihre Träume, Wünsche und Ziele hört. Sie müssen die Existenz dieser Macht annehmen und an sie glauben, um mit ihr eine enge „Zusammenarbeit", ein Miteinander eingehen zu können.

Ich möchte Ihnen an dieser Stelle ein dazu passendes Zitat aus dem Neuen Testament von Markus 11, Vers 24 vorstellen:

*„[...] Darum sage ich euch: Alles, was ihr bittet in eurem Gebet,
glaubt nur, dass ihr's empfangt, so wird's euch zuteilwerden."* [22]

Das hört sich für Sie vielleicht seltsam an, aber denken Sie in Ruhe darüber nach ... das, was Sie glauben, so denken Sie auch. Hinterfragen Sie sich bitte anhand von Ihren Einstellungen oder Denkweisen einmal selbst bezüglich dieser Thematik!

---

[21] Murphy, Dr. Joseph (Erscheinungsjahr 1962): Die Macht des Unterbewusstseins. 8. Auflage. Erscheinungsort: Copyright 1962. This edition published by arrangement with Prentice Hall Press, a member of Penguin Group (USA) Inc./Copyright der deutschsprachigen Ausgabe 1965/2005/2010 Ariston Verlag in der Verlagsgruppe Random House GmbH

[22] http://www.bibelcenter.de/bibel/studien/d-std008.php 17.10.13 S. 1

Natürlich ist es schwer, sich Dinge vorzustellen und sie emotional aufgeladen zu erleben, weil Ihnen eventuell die Stimme im Ohr sagt, „Hey, das stimmt doch aber gar nicht."

Aber es geht in erster Linie darum, dass Sie über Ihr Bewusstsein einen Impuls an Ihr Unterbewusstsein durch die laufende Wiederholung der gewünschten Inhalte senden, um Ihr Bewusst- sowie Unterbewusstsein darauf zu programmieren und zu fokussieren. Sie sollen einfach für sich vorwegnehmen, wie Sie sich fühlen würden, wenn Sie in diesem Moment Ihre Träume, Wünsche und Ziele in Ihrer Realität vor sich hätten!

Ich bin davon überzeugt, dass wenn Gedanken und Gefühle sich zu einer harmonierenden Einheit ergeben, tatsächlich der subjektive Glaube entsteht, der den Anstoß für die Umsetzungsarbeit des Unterbewusstseins gibt.

Probieren Sie es einfach aus, Sie werden das positive Gefühl in Ihnen spüren, wenn Sie ein Ziel vor Ihrem geistigen Auge erreichen.

Natürlich müssen Sie sich auch mit dem identifizieren, was Sie verwirklichen möchten, um die Kräfte des Unterbewusstseins aktivieren zu können, es darf keine ablehnende Haltung vorhanden sein oder dass man sich wider Willen etwas wünscht.

Deshalb ist auch die genaue Definition der eigenen Träume, Wünsche und Ziele so immens wichtig, denn man muss von ihnen und der Bedeutung für sich selbst vollkommen überzeugt sein.

Ich kann Ihnen aus eigener Erfahrung sagen, dass es in der Realität nicht analog dem „Weihnachtsmann-Prinzip" verläuft, der einem die gewünschten Inhalte in den aufgestellten Stiefel packt und damit ist dann alles erledigt sowie erreicht.

Die Funktionsweise und das Wirken des Unterbewusstseins finden oft seinen Ausdruck in plötzlichen neuen Wegen, die einem aufgezeigt werden, oder in der Form: dass man Veränderungen an sich, seiner eigenen Geisteshaltung und generell eine andere Wahrnehmung von Dingen bemerkt.

Man gerät zum Beispiel an einen guten Kontakt, der einem eine gute Geschäftsmöglichkeit offenbart, weil ein eigenes Ziel zum Beispiel das Erzielen eines Zusatzeinkommens ist. Man zieht Chancen, Ideen aus Gesprächen, denen man eher nur beigewohnt hat und nun aber sensibler für Möglichkeiten geworden ist, weil zum Beispiel der Wunsch da ist, sich selbstständig zu machen.

Erwarten Sie also nicht nur eindimensional die Erfüllung im Stile einer Paketzustellung, die man selbst bestellt hat, sondern seien Sie offen für Zeichen, die Ihnen den Weg zu Ihren Wünschen, Träumen und Zielen zeigen.

Vertrauen Sie dabei auf sich und Ihre Fähigkeiten, seien Sie mutig und nehmen Sie Entscheidungen vor, wenn Sie solche Zeichen erkennen. Es werden manchmal schwierige Entscheidungen sein, die Sie fordern und das Einschlagen neuer Wege notwendig machen werden, aber am Ende steht Ihr Schatz in Form des Lebens nach Ihren Vorstellungen bereit.

EPILOG

Lieber Leser,

wir sind am Ende des Buches angekommen und ich möchte mich an dieser Stelle bei Ihnen ganz herzlich dafür bedanken, dass Sie dieses Buch gelesen haben. Ich finde, es verdient Anerkennung und Bewunderung, dass ein Mensch für sich die Notwendigkeit erkennt, sich seiner selbst bewusst zu werden und sich dieses Selbstbewusstsein erarbeitet.

Sie können in jedem Fall stolz auf sich sein, eine solche positive Auseinandersetzung mit sich selbst eingegangen zu sein, denn seien Sie sicher, dass dies ein Großteil der Menschen auf dieser Welt eher nicht oder nur oberflächlich tut.

Ich wünsche mir und hoffe an dieser Stelle, dass Sie die Frage „Kennst Du Dich?" nun mit einem klaren Ja beantworten können!

Denken Sie immer daran, Sie selbst sind der Fahrer am Steuer Ihres Lebens, Sie selbst sind der Gestalter Ihres Lebens.

Eine Entscheidung für oder gegen etwas, was Sie möchten oder nicht möchten, ist immer möglich, Sie selbst können immer entscheiden. Sie müssen nur entscheiden, ob die jeweilige Sache Ihnen persönlich so wichtig ist, dass Sie sie wohlwissend um die entsprechende oder mögliche Konsequenz realisieren wollen.

Meine Empfehlung ist, dass Sie die einzelnen Übungen immer wieder in bestimmten Zeitabständen wiederholen, um sich selbst zu hinterfragen, den Status zu ermitteln oder weil deutliche Veränderungen Ihnen den Impuls dazu geben. Ich mache damit selbst immer wieder tolle Erfahrungen.

Das Lernen über sich selbst hört nie im Leben auf und die Zeit verändert sich, so wie es jeder Einzelne von uns auch tun wird. Deshalb werden wir uns von Zeit zu Zeit mit den Inhalten beschäftigen müssen, wenn wir uns selbst bewusst sein und bleiben wollen.

Ich wünsche Ihnen für Ihr Leben, dass alle Ihre Träume, Wünsche und Ziele Einzug in Ihr Leben erhalten und dass Sie sie mit Ihren Liebsten genießen werden!

Ich möchte an dieser Stelle insbesondere meiner Frau, meiner Familie, Freunden und den Menschen danken, die mich bei der Realisierung dieses Buches in direkter und indirekter Form unterstützt haben, dazu gehören Frau Monika Hartmann, die mir mit Ihrem Buch „Du kannst in nur 30 Stunden ein Buch schreiben" und mit Ihren Ratschlägen eine mehr als große Hilfe war. Bodo Schäfer, dessen Bücher Inspiration und Anstoß für mich zum Handeln sind und dessen Coachingprogramm ich wirklich wärmstens weiterempfehlen kann, denn damit hat er mir in vielen Dingen die Augen geöffnet und mich maßgeblich zu einem Umdenken für mein weiteres Leben bewegt. Ich kann an dieser Stelle nicht alle Personen aufführen, die mich im Leben und bei meiner Entwicklung begleitet haben, aber sie können sich sicher sein, dass ich ihnen meinen tiefen Dank persönlich aussprechen werde.

Achten Sie bitte darauf, dass alle Lebensbausteine in der Balance sind, denn ansonsten werden Sie nur zum Teil glücklich und erfüllt sein.

Vergessen Sie auch nicht, Ihre Träume und Wünsche zu visualisieren, zu fühlen, als wären sie bereits real und als solches gedanklich zu genießen. Damit werden Sie Ihren Geist, Ihre Gedanken in die richtige Richtung schubsen.

Bedenken Sie bei allem im Buch, dass es nur funktionieren kann, wenn Sie tatsächlich handeln! Ins Auto zu steigen, reicht nicht, um loszufahren, Sie müssen es starten und Gas geben.

Ich möchte dieses Buch mit dem Zitat eines Sprichwortes beenden.

Es lautet *„Wer andere kennt, ist gelehrt. Wer sich selbst kennt, ist weise."* (Sprichwort Lao-Tse)

Ich wünsche Ihnen stets das Beste im Leben, viel Glück, Erkenntnis, Erfolg, Wohlstand und Gesundheit.

Herzlichst
Ihr
Marc Fahrig